VATERSCHAFT

Die übernatürlichen Eigenschaften des himmlischen Vaters
kennen, erleben und manifestieren

Erika Bojartschuk

Impressum:
© 1. Auflage 2019
Herausgeber: Ute Herzog, lavidaeuropa.blogspot.com
Übersetzung: Bettina Krumm
Verlag & Druck: tredition GmbH, Halenreie 40-44, 22359 Hamburg

978-3-7482-4290-1 (Paperback)
Erhältlich beim Verlag oder in jeder Buchhandlung.

Bibelzitate sind, falls nicht anders gekennzeichnet, der Elberfelder Bibel, Revidierte Fassung 2006, entnommen.

Original: 2016 Erika Bojartschuk
Originaltitel: Paternidad
Instituto de Liderazgo Ministerial Asunción, Paraguay
institutoliderazgo1@gmail.com

Überarbeitung: Stephan Bojartschuk
Grafikdesign: Dorina Bojartschuk
Foto: Alejandro Garay
Druck des Originals: Asunción, Paraguay 2019

INHALTSVERZEICHNIS

EINFÜHRUNG...1

I. GOTT IST EIN VATER...3

    A. Vater, ein ganz besonderer Name..3

    B. Vater der Schöpfung...6

    C. Gott ist unser Vater..6

    D. Jesus Christus kam, um uns den Vater zu offenbaren........................7

    E. Jesus Christus kam, um uns mit dem Vater zu verbinden...................7

II. WESENTLICHE EIGENSCHAFTEN DES HIMMLISCHEN VATERS................8

    A. Der Vater versorgt seine Kinder mit guten Gaben...............................9

    B. Der Vater beschützt uns..11

    C. Der Vater liebt uns...12

    D. Der Vater lehrt uns...17

    E. Der Vater schult uns und führt uns zum Sieg.....................................18

III. DIE OFFENBARUNG DER SOHNSCHAFT...20

    A. Wie man ein Sohn Gottes wird..21

    B. Wie wir wissen, dass wir Söhne sind..24

    C. Wie wir zu erwachsenen Söhnen werden..26

    D. Eigenschaften eines Sohnes..27

IV. DIE PRIVILEGIEN EINES SOHNES..28

    A. Zugang zum Reichtum des Vaters..28

    B. Eine erhabene und privilegierte Stellung...29

    C. Identität und Bestimmung..30

    D. Familie..31

    E. Schutz..31

    F. Erbe..31

    G. Das Königreich manifestieren..31

V. DIE BEZIEHUNG ZWISCHEN VATER UND SOHN......................................32

    A. Der Sohn genießt die Gemeinschaft mit dem Vater...........................32

    B. Der Vater genießt die Gemeinschaft mit dem Sohn...........................33

    C. Die Kraftquelle der Gemeinschaft mit dem Vater..............................33

    D. Auferbauende Kommunikation...34

E. Die Beziehung zwischen Jesus und Seinem Vater 335

VI. DIE POTENZIELLE MACHT DER EHRE 36

    A. Was bedeutet Ehre? 36

    B. Wie entehren oder verachten wir Gott, den Vater? 37

    C. Wie ehren wir unseren himmlischen Vater? 39

VII. DER GEISTLICHE VATER 40

    A. Beschreibung des geistlichen Vaters 40

    B. Auswirkungen einer apostolischen Vaterschaft in der Gemeinde 41

    C. Das Fehlen geistlicher Vaterschaft 42

    D. Die Privilegien, einen Vater zu haben 43

    E. Wie empfange ich die Segnungen von meinem geistlichen Vater? 43

    F. Das Erbe eines Sohnes 44

    G. Einige biblische Beispiele von geistlicher Vaterschaft 45

LITERATURVERZEICHNIS 46

EINFÜHRUNG

Es gibt viele Menschen, die sich einsam, orientierungs- und ziellos fühlen, weil sie ohne die Liebe und Richtungsweisung eines Vaters in einem gestörten Umfeld aufgewachsen sind. Diese Menschen warten darauf, dass jemand an sie glaubt, sie bejaht und in ihre Bestimmung bringt.

Gott möchte sich als unser Vater offenbaren und uns aus der Verwaisung herausholen. Jesus kam, vom Vater auf diese Erde gesandt, und offenbarte uns Gott, Seinen Vater und unseren Vater. Offenbarte Erkenntnis über unseren himmlischen Vater und die anschließende Erfahrung verändert unser persönliches Leben, unsere Beziehung zu Gott und zu anderen. Nachdem wir Gott als Vater erlebt haben, werden wir nie wieder dieselben sein. Wir werden sagen können: Ich genieße es, mit Papa zusammen zu sein und ich genieße das Leben.

Unser Vater ist der kraftvolle und übernatürliche Gott, der heute noch in uns und durch uns dieselben Wunder und übernatürlichen Ereignisse vollbringt, wie zur Zeit der Bibel. Er möchte sich uns offenbaren, damit wir erkennen, wie Er wirklich ist und der Welt zeigen können, wer der einzig wahre Gott ist. Der Heilige Geist wird uns den Vater offenbaren und auch das, was uns durch Jesus zur Verfügung steht. Diese Offenbarung wird uns transformieren und aktivieren, damit wir einen Lebensstil mit göttlich übernatürlichen Erfahrungen führen können (Johannes 14,12). Somit wird das Leben als Kind Gottes attraktiv für Christen und Nichtchristen.

Jetzt ist die Zeit der Wiederherstellung der Vaterschaft, was Maleachi schon prophezeite: "*Ich werde die Herzen der Väter zu den Kindern und die Herzen der Kinder zu den Vätern wenden, damit ich nicht komme und die Erde mit einem Fluch bestrafe.*" (Maleachi 4,6) Welch ein Privileg, in dieser Zeit der Wiederherstellung aller Dinge zu leben, zu denen auch die Wiederherstellung der Vaterschaft gehört.

Unser Wunsch ist, dass Sie durch das Studium dieses Heftes nicht nur intellektuelles Wissen über dieses wichtige Thema erhalten, sondern echte Offenbarung und Erfahrung, so dass Sie in den Genuss aller Segnungen kommen können, ein Kind Gottes zu sein. Der himmlische Vater wartet mit offenen Armen, um uns Liebe, Annahme, Geborgenheit, Identität, Orientierung, Bestimmung und alles, was wir brauchen, zu geben.

Nutzen Sie daher dieses Werkzeug. Erwarten Sie Gottes übernatürliches Eingreifen in der Situation, in der Sie sich befinden. Erwarten Sie beim Lesen der Bibelverse, Gebete und Texte, dass der Heilige Geist Ihnen mehr über Vaterschaft offenbart, so dass Sie Seine wunderbaren Eigenschaften erleben und aktiviert werden, diese auch im „Hier und Jetzt" zu manifestieren.

Zur besseren Lesbarkeit sei noch gesagt: Da diese Botschaft bisher in verschiedenen Bibelschulen in Paraguay auch praktisch unterrichtet wurde, sind Abschnitte des Buches zusätzlich in Lektionen unterteilt. Dies ist bewusst in der Übersetzung so beibehalten worden. Zum Eigenstudium hat es allerdings keine Bedeutung.

Stephan und Erika Bojartschuk

Pastoren und Leiter im Instituto de Liderazgo Ministerial, Paraguay

Lektion 1
I. GOTT IST EIN VATER

Gott möchte sich jedem von uns als Vater offenbaren. Er möchte, dass wir uns als Seine Kinder sicher, angenommen und geliebt fühlen. Wenn wir die Liebe des Vaters nicht erleben, suchen wir Seine Liebe an anderen Orten. Es gibt viele Menschen die sich einsam, orientierungs- und ziellos fühlen, weil sie ohne die Liebe und Richtungsweisung eines Vaters in einem gestörten Umfeld aufgewachsen sind. Diese Menschen warten darauf, dass jemand an sie glaubt, sie bestätigt und in ihre Bestimmung bringt.

Die Offenbarung und Erfahrung des himmlischen Vaters verändert unser persönliches Leben, die Beziehung mit Gott und unseren Mitmenschen. Wenn wir Gott als Vater erlebt haben, sind wir nicht mehr dieselben wie vorher.

Wir wissen, dass Gott unser Vater ist, aber kennen wir ihn wirklich? In Lukas 15,11-32 erzählt uns Jesus ein Gleichnis, das zeigt, wie unser himmlischer Vater ist. Und gleichzeitig zeigt Er uns zwei Söhne, die ihren Vater nicht wirklich kannten.

- **Der jüngere Sohn** erinnerte sich, nachdem er all sein Geld ausgegeben hatte und unter Hunger litt, an seinen Vater und die Arbeiter, die im Haus seines Vaters reichlich zu essen hatten. Er beschloss, seinen Vater zu fragen, ob er ihn wenigstens als Arbeiter akzeptieren würde. Er kannte seinen Vater nicht wirklich, weil er dachte, dass der Vater ihn nicht mehr als seinen Sohn aufnehmen würde. Er wusste nicht, dass sein Vater auf ihn wartete und ihn als seinen Sohn empfangen wollte.
- **Der ältere Sohn** wurde wütend, als der Vater eine Willkommensparty für den jüngeren Sohn gab. Er sagte: *"So viele Jahre arbeite ich für dich und war dir nicht ungehorsam, und du hast mir nicht mal ein kleines Ziegenböcklein gegeben, um mich mit meinen Freunden daran zu erfreuen. Aber als dieser dein Sohn kam, der dein Gut mit Huren durchgebracht hat, hast du das fette Kalb für ihn schlachten lassen."* Der Vater antwortete ihm: *"Sohn, du warst immer hier bei mir und alle meine Sachen gehören auch dir."* Aber in Wahrheit wusste der ältere Sohn nicht, dass alle Dinge seines Vaters auch ihm gehörten.

Wenn wir mit vielen unerfüllten Bedürfnissen leben oder sehr besorgt sind, oder wenn wir oft krank sind, usw., dann kennen wir unseren himmlischen Vater wahrscheinlich nicht sehr gut. Wenn wir _____ _____ leben, dann kennen wir unseren himmlischen Vater nicht wirklich gut. Der jüngere Sohn, der uns in Lukas 15 vorgestellt wird, wusste nicht _____. Der ältere Sohn kannte den Vater nicht gut, weil er nicht wusste, _____

Und wir? Wie gut kennen wir unseren himmlischen Vater? Der Vater wünscht sich, dass wir Ihn wirklich als unseren Vater kennenlernen.

A. Vater, ein ganz besonderer Name

Gott möchte sich selbst als Vater erweisen und uns eine Offenbarung darüber schenken, was es bedeutet, Ihn zum Vater zu haben.

Im Neuen Testament wird mehr als 200mal von Gott, dem Vater, gesprochen. Das Wort "Vater" drückt eine Beziehung aus. Gott wollte von Anfang an eine Beziehung zu seinen Kindern haben.

Schon im Alten Bund präsentierte sich Gott als Vater. Er sagte: *"Ich werde sein Vater sein, und er soll mein Sohn sein."* (2. Samuel 7,14)

1. Sein Name muss offenbart werden

In der Bibel haben Namen eine Bedeutung. Häufig hatten sie eine prophetische Bedeutung, insbesondere wenn Gott selbst den Namen bestimmte. Zu Maria und Josef wurde gesagt, dass der Name ihres Sohnes "Yeshua" (Jesus) sein solle, was "Erlösung" bedeutet. Matthäus 1,21 erklärt den Grund für diesen Namen: Denn er wird sein Volk _____. Bei mehreren

Gelegenheiten lesen wir, dass Gott den Namen einer Person änderte. Damit drückte Er aus, was Seine Gedanken und Zukunftspläne für diese Person waren. Zum Beispiel lesen wir in 1. Mose 17,5: "Und dein Name wird nicht mehr _____ (erhabener Vater) heißen, sondern _____ (Vater der Menge) wird dein Name sein, weil du _____ _____ sein wirst."

Gott änderte den Namen von Abram in Abraham, weil _____ _____

Abram bedeutet: _____
Und Abraham bedeutet: _____
Wenn Gott sich seinem Volk offenbaren möchte, sagt er Seinen Namen. Wenn Sein Name nicht offenbart wird, kann Er sich nicht manifestieren. Durch Seinen Namen offenbart uns Gott Sein Wesen, Seinen Charakter und auch Seine Verheißungen. Wenn wir keine Offenbarung Seines Namens und Seiner Bedeutung haben, bedeutet das, dass der Segen hinter diesem Namen nicht manifestiert werden kann und wir ihn nicht erfahren können. Die Namen Gottes offenbaren uns die folgenden drei Eigenschaften: Sein Wesen, Seinen _____ und Seine _____

Und wenn Sein Name und dessen Bedeutung uns nicht offenbart wird, dann _____ _____

Wenn der Name Gottes nicht offenbart wird, kann Er selbst nicht offenbart werden. Wo es Offenbarung gibt, kommt auch die Erfahrung hinzu (Wunder, Versorgung, Heilung, Annahme, usw.). Zum Beispiel: _____ _____

In dem Bereich, wo keine offenbarte Erkenntnis von Gott vorhanden ist, errichtet der Feind eine Festung (Lügen wie zum Beispiel: Ich bin nicht wertvoll, Gott straft mich mit Krankheit), beraubt uns und verhindert, dass wir Gottes übernatürliches Eingreifen erleben. Ohne kontinuierliche Offenbarung über Gott und sein Wort, bleiben wir geistlich stehen und werden zu „alten Weinschläuchen" und sind somit nicht mehr geeignet für den „neuen Wein", den Gott heute für uns hat (Matthäus 9,17).

Das Wort "Offenbarung" kommt vom griechischen Wort "apokalupsis" und bedeutet: die Hülle entfernen, etwas manifestieren, was verborgen war, etwas entdecken. Das ist dann der Fall, wenn man ein Fragment göttlichen Wissens erhält. Die Offenbarung kommt vom Heiligen Geist zum Geist der Person und nicht zum Verstand. Es ist keine "Lernzeit" erforderlich. Der Heilige Geist hört, was im Himmel gesprochen wird, sieht was im Himmel ist, und teilt es den Kindern Gottes hier auf der Erde mit. Ohne die Hilfe des Heiligen Geistes können wir Gott nicht erkennen und erleben (1. Korinther 2,9-11). Intellektuelles Wissen über Gott und die biblischen Wahrheiten zu haben bedeutet nicht, dass wir sie auch erfahren haben. Das Wissen über Gott, die Lehre des Wortes Gottes, ist sehr wichtig und muss die Grundlage sein, aber es darf nicht dabei stehen bleiben. Biblische Worte allein bringen keine übernatürlichen Manifestationen hervor, sie müssen uns vom Heiligen Geist offenbart werden. Die Wahrheit des Wortes Gottes muss uns _____ werden. Offenbarung führt dann zu Erfahrung. Wo es echte Offenbarungen gibt, gibt es auch sichtbare Manifestationen, die den göttlichen Ursprung dieser Offenbarungen bestätigen.

Es ist wichtig, nicht nur intellektuelles Wissen über Gott und sein Wort zu haben, sondern _____ _____

Wenn wir Gott als Vater erleben wollen, brauchen wir eine Offenbarung des Namens "Vater". Gott hat über 300 Namen, die zeigen, wer Er ist. Alle diese Namen stammen von "Ich bin". "Ich bin" bedeutet: derjenige, der das Leben in sich hat und nichts und niemanden braucht, um zu existieren. Gott existiert aus sich selbst. Er lebt aus Seinem eigenen Wunsch heraus und erschuf die Welt aus dem Nichts. "Ich bin" bedeutet: _____ _____

Der, der durch sich selbst existiert, ist jetzt hier. Er sagt zu dir: „Ich bin für dich, was du willst, dass ich für dich bin." Der Name "Ich bin" ist der generationenübergreifende Name Gottes. Er sagte, dass Sein Name von Generation zu Generation weitergegeben würde. Als erstes offenbart sich Gott, indem Er uns Seinen Namen sagt, und dann erst zeigt Er Seine Macht. "Jahwe Jireh" bedeutet zum Beispiel: "Jahwe, der Versorger". Oder andersherum, der "Ich bin" ist der Versorger mit allem, was wir brauchen. Wenn Gott sagt "Ich bin Jahwe Jireh", dann meint Er damit, _____. Und Er will sich als _____erweisen.

Gott, der Vater, ist Geist mit übernatürlichen Fähigkeiten. Unser Verstand ist nicht in der Lage, die geistliche Dimension zu verstehen und Wunder zu produzieren. Gott möchte aber Seine übernatürliche Kraft in unserer physikalischen Dimension sichtbar werden lassen. Der Heilige Geist offenbart uns, wer unser Gott ist und was Er zu tun vermag. Diese offenbarte Erkenntnis bewirkt Glauben. Der Glaube ist auf dem Gebiet am stärksten, wo wir die größte von Gott offenbarte Erkenntnis haben. Der Glaube ist dort am schwächsten, wo _____

Offenbarung und Glauben sind Schlüssel, um über die natürliche Dimension hinaus zu leben und Gottes übernatürliches Eingreifen in unserem Alltag zu erleben.

2. „Mittel", durch die Gott sich offenbart

Gott will, dass uns die Geheimnisse des Königreichs offenbart werden. Gott kann sich nicht Menschen offenbaren, die Ihn nicht kennen wollen oder die sich gegen eine Beziehung zu Ihm entscheiden. Wir müssen die Offenbarung Gottes als Vater wünschen, denn ohne diese Offenbarung leben wir als Waisen, nämlich ohne Identität und ohne Bestimmung. Wenn uns der Name "Vater" nicht offenbart wird, können wir Ihn nicht als Vater und somit alles, was es bedeutet Gott als Vater zu haben, genießen und erleben. Er will sich uns durch verschiedene "Mittel" offenbaren. Beten und glauben Sie, dass der Heilige Geist auch Ihnen den himmlischen Vater offenbaren wird.

Die "Mittel", durch die Gott sich offenbaren will, sind (nennen Sie jeweils ein Beispiel):

- Sein Wort (2. Petrus 1,20-21) _____

- Christus und sein Werk (Johannes 1,18; Matthäus 11,27; Hebräer 11,1-2) _____

- Der Heilige Geist (Johannes 16,13-15) _____

- Menschen, die Offenbarung und Erfahrung mit Gott hatten - durch die Lehre des Pastors, Apostels, Leiters, usw. (1. Thessalonicher 2,13) _____

- Die Natur oder Schöpfung Gottes (Römer 1,19-20; Matthäus 6,26; Psalm 19,2) _____

Lesen Sie Epheser 1,17-19 und zitieren Sie, was Paulus gebetet hat. _____

Beten Sie nun dieses Gebet für sich selbst. Haben Sie das gemacht? _____
Es ist sehr wichtig, eine Offenbarung über Gott als den Vater zu haben, weil _____

3. Die Bedeutung von Vater

In der aramäischen Sprache gibt es das Wort "Abba", das mit "Papa" übersetzt wird; es vermittelt uns die Vorstellung von einem Sohn, der "Papa, Papa" ruft. Jesus nannte Gott also "Papa".

Dieses Wort hat etwas mit Intimität zu tun, aber auch mit Ehrfurcht und Respekt. Abba war eine liebevolle Art, sich auszudrücken; sie trägt das Vertrauen, die Intimität und die Unterordnung eines Kindes in sich. Abba bezieht sich nicht auf irgendeinen Vater oder einen entfernten Vater, sondern auf "meinen" Vater. Er ist der Vater, der mir nahesteht und sich mit viel Liebe um mich kümmert.

Das Wort "Vater" bedeutet ständige Quelle des Lebens und Ursache oder Ursprung von etwas. Zum Beispiel lesen wir in Jakobus 1,17 vom "Vater des Lichts", was "Urheber des Lichts" bedeutet. Alles kommt von Gott, dem Vater. Alles Geschaffene kommt von Ihm und ist nicht durch einen Urknall oder eine Evolution entstanden; wir stammen nicht vom Affen ab. Alles hat seinen Anfang im himmlischen Vater.

Das griechische Wort für Vater ist "pater" und bedeutet Beschützer, Betreuer, Verteidiger, Ernährer, Versorger, Schöpfer, Gründer, Erzeuger, Ursprung, etc.

Das Wort "Abba" bedeutet: _____

Das Wort "Vater" bedeutet: _____

Das Wort "pater" bedeutet: _____

Nach biblischem Verständnis ist der Vater nicht nur der Erzeuger eines Kindes, sondern auch derjenige, der das Kind zur Reife bringt. Es beinhaltet die Versorgung, Pflege, den Segen, die Erbschaft, den Schutz, die Unterweisung, die Liebe und die Führung des Kindes durch den Vater.

Biblisch gesehen ist ein Vater nicht nur der Erzeuger, sondern auch _____
_____

Biblisch gesehen ist Familie nur dort, wo es einen Vater gibt, der seine Rolle der Vaterschaft einnimmt. Wenn Vaterschaft nicht ausgeübt wird, ist es eigentlich keine Familie. Wir können sehen, dass den Menschen dort, wo es keinen Vater gibt, der seine Rolle als Vater ausübt, die Sicherheit und Liebe fehlt, dass Unsicherheit in Bezug auf ihre Bestimmung herrscht und es an Identität mangelt. Nach biblischem Verständnis gibt es in einer echten Familie immer einen Vater, weil der Vater _____
_____

In 1. Mose 12,3 steht: "*In dir sollen gesegnet werden alle Geschlechter (Familien) auf Erden.*"
Interessanterweise hat Gott nicht gesagt, dass er alle Menschen der Erde segnen würde, sondern alle *Familien*. Und ohne Vaterschaft gibt es keine echte Familie. Wo es gute Vaterschaft gibt, fließt der Segen. Es ist der Vater, der die Kinder segnet und zum Erfolg befähigt, der den Kindern Identität und Bestimmung gibt. Die Merkmale einer gesunden Familie sind: _____
_____

Wenn wir die Bedeutung von Vaterschaft erkennen und Gott als unseren Vater haben, können wir sagen, dass wir sehr privilegiert sind, weil wir _____
_____

B. Vater der Schöpfung

Wir haben bereits gelernt, dass Vater auch bedeutet: Ursprung der Existenz von etwas. Die folgenden Verse zeigen uns deutlich, dass das ganze Universum seinen Ursprung in Gott, dem Vater, hat.

In 1. Korinther 8,6 steht: "*So ist doch für uns ein Gott,* _____, *von dem alle Dinge* _____."

Römer 11,36a: "*Denn aus ihm und durch ihn und zu ihm hin sind alle Dinge.*"

Jesaja 64,7: "*Aber nun, HERR, du bist unser* _____. *Wir sind der Ton, und du bist unser Bildner, und wir alle sind das Werk deiner Hände.*"

Er ist der Ursprung von allem, was im Himmel und auf Erden existiert. Ohne Ihn existiert nichts.

Diese Verse lehren uns _____
_____
_____

Die Wissenschaft kann bis heute kein Leben hervorbringen. Sie kann etwas manipulieren das Leben hat, aber der Ursprung des Lebens liegt in Gott.

C. Gott ist unser Vater

Haben Sie sich jemals gefragt: "Wo kommen wir her?" oder "Wo ist unser Ursprung?". Die folgenden Verse zeigen uns deutlich, dass unser Ursprung in Gott, dem Vater, liegt. Er hat uns gemacht. Gott ist unser Vater und wir sind Seine Kinder. Die folgenden Verse zeigen uns, dass Gott unser Vater ist:

"*Du wobst mich in meiner Mutter Leib.*" Psalm 139,13

"Aber nun, HERR, du bist unser Vater. Wir sind der Ton, und du bist unser Bildner, und wir alle sind das Werk deiner Hände." Jesaja 64,7

"Haben wir nicht alle einen Vater? Hat nicht ein Gott uns geschaffen?" Maleachi 2,10

"Weil ihr aber Söhne seid, sandte Gott den Geist seines Sohnes in unsere Herzen, der da ruft: Abba, Vater!" Galater 4,6

Wir können Gott "Vater" nennen (nach den gerade gelesenen Versen), weil _____

_____

_____

Der allmächtige Gott, der Schöpfer des ganzen Universums, ist unser Vater. Wir kommen von Ihm. Unser Ursprung liegt in Ihm. Wir wissen, woher wir kommen. Ob unsere Eltern wollten, dass wir geboren werden oder nicht, Gott wollte, dass wir in dieser Zeit auf dieser Erde leben. Er hat uns zu einem bestimmten Zweck geschaffen.

Manche Leute denken: "Ich bin weniger wert, weil ich kein königliches Blut habe." Aber das Natürliche ist hierbei nicht so wichtig. Wichtig ist, dass wir von Gott durch den Heiligen Geist gezeugt wurden. Wir kommen von Gott, unserem Vater.

D. Jesus Christus kam, um uns den Vater zu offenbaren

"Alles ist mir übergeben worden von meinem Vater; und niemand erkennt den Sohn als nur der Vater, noch erkennt jemand den Vater als nur der Sohn, und der, dem der Sohn ihn offenbaren will." Matthäus 11,27

Christus kam, um zu offenbaren woher wir kommen und wer unsere Quelle des Lebens ist. Er zeigt uns, wie Sein Vater und unser Vater ist, wie Er denkt und wie Er handelt. Jesus hat mit allem, was Er getan hat, gezeigt, wie der Vater ist. Als Er die Kranken heilte, zeigte Er damit, dass es der Wille des Vaters ist, die Kranken zu heilen. Mit dem, was Er getan hat, hat Er gezeigt, dass der Vater Seine Kinder befreien, heilen und wiederherstellen will.

E. Jesus Christus kam, um uns mit dem Vater zu verbinden

Wir alle sind eine Schöpfung Gottes. Wir kommen von Gott, aber die Sünde hat uns von Ihm getrennt. Christus erlangte unsere Position als Sohn wieder zurück mit Seinem Tod und Seiner Auferstehung. Wer Buße tut und Jesus Christus als seinen Herrn und Retter annimmt, wird durch Gnade aus Glauben zum Sohn / zur Tochter des Vaters.

In Johannes 14,6-7 steht: *"Jesus spricht zu ihm: 'Ich bin der Weg, die Wahrheit und das Leben; niemand kommt zum Vater, als nur durch mich. Wenn ihr mich erkannt habt, werdet ihr auch meinen Vater erkennen, und von jetzt an erkennt ihr ihn und habt ihn gesehen.'"*

Durch das, was Christus für uns getan hat, haben wir Zugang zum Vater. Nur wenn wir Jesus kennen, können wir den Vater kennen. Er starb, damit wir eine Vater-Sohn-Beziehung zu Gott eingehen können.

Worte aus dem Herzen deines himmlischen Vaters:

Mein geliebter Sohn / meine geliebte Tochter, mein Herz ist voller Liebe zu dir. Bevor ich dich im Mutterleib gewoben habe, kannte ich dich bereits; bevor du geboren wurdest, habe ich dich geheiligt. Es war mein Wunsch, dass du geboren wirst, ich habe dich geformt. Du bist das Original, es gibt niemanden wie dich. Du bist wunderbar und schön. Du bist nicht die Frucht des Zufalls oder einer Nacht der Leidenschaft. Es ist kein Fehler, dass du hier auf der Erde bist. Ich habe dich mit viel Liebe geformt und es war mein Plan, dass du in dieser Zeit auf dieser Erde lebst. Es spielt keine Rolle, ob deine natürlichen Eltern wollten, dass du geboren wirst oder nicht; ich wollte, dass du geboren wirst, und ich habe dich mit großer Freude empfangen, als du geboren wurdest. Deine Eltern waren Kanäle, die ich benutzt habe, um dich auf diese wunderbare Erde zu bringen. Du lebst, weil ich dir das Leben gab. Du kommst von mir. Die Genetik des Himmels liegt in dir. Ich bin dein Vater, ich habe dich immer geliebt und werde dich immer lieben. Mein geliebter Sohn / meine geliebte Tochter, du bist das Meisterwerk von allem, was ich getan habe. Ich habe die Tiere gemacht, die Bäume, aber nichts ist vergleichbar mit dir. Du bist einzigartig, wunderschön gemacht, nach meinem Bild. Es gibt nichts anderes, was mich so gut widerspiegeln kann wie du. Ich habe dich mit so viel Liebe gemacht, und mein Ziel ist es, dass du meine Liebe erfährst und genießt, von meiner Liebe erfüllt bist und sie anderen gibst. Ich weiß, dass du einer unter Millionen bist, aber jeden Einzelnen, und auch dich, habe ich mit Liebe gemacht. Du bist vielleicht nicht in der Lage, es mit deinem menschlichen Verstand zu verstehen, aber es ist die Wahrheit. Ja, ich meine dich, ich liebe dich, du bist mir sehr, sehr wichtig.

Beten Sie mit mir zusammen:

Gott, Schöpfer des Universums, du bist mein Vater. Mein Ursprung liegt in dir. Wie alle Dinge von dir kommen, Gott Vater, so komme auch ich von dir. Jesus und ich haben denselben Vater, wir gehören zur selben Familie, zur Familie Gottes. Ich bin kein Waisenkind, denn ich weiß, woher ich komme. Mein Ursprung liegt in dir. Ich bin eine wunderbare Schöpfung, mein Leben ist ein Wunder und dafür danke ich dir. Ich habe einen perfekten Vater, ja, einen Vater, der mich bedingungslos liebt. Ich komme von dir, mein himmlischer Vater, ich bin dein Sohn / deine Tochter und ich weiß, dass du mich liebst. Vielen, vielen Dank, dass du mich in diese kostbare Familie aufgenommen hast und für diese wirklich kostbare Liebe. Danke für dieses Privileg, dein Sohn / deine Tochter zu sein und dich als meinen geliebten Vater zu haben. Ich liebe dich, Papa.

Auch als ich noch keinen Tag auf dieser Erde gelebt habe, hattest du mein Leben schon geplant. Alles, was du tust, hat Sinn und Absicht. Deshalb weiß ich, dass du mich auch für eine bestimmte Absicht geschaffen hast. Ich bin nicht die Frucht eines Zufalls oder einer Nacht der Leidenschaft oder nur der Wille meiner Eltern, sondern ich wurde durch den Willen von dir, meinem himmlischen Vater, geboren. Danke, dass du willst, dass ich hier auf dieser Erde und in dieser Zeit lebe. Ich segne meine Eltern, die du als Kanäle benutzt hast, um mich auf diese Erde zu bringen. Danke, denn jetzt kenne ich meinen wahren Vater, der mich im Leib meiner Mutter erschaffen hat, und der mir eine wunderbare Bestimmung auf dieser Erde gegeben hat. Ich liebe dich, mein Vater. Ich genieße es, mit dir zusammen zu sein.

Reden Sie einfach weiter mit Ihrem Papa.

Bibelverse zum Merken:

"Aber nun, HERR, du bist unser Vater. Wir sind der Ton, und du bist unser Bildner, und wir alle sind das Werk deiner Hände." Jesaja 64,7

"So ist doch für uns ein Gott, der Vater, von dem alle Dinge sind." 1. Korinther 8,6

Lektion 2
II. WESENTLICHE EIGENSCHAFTEN DES HIMMLISCHEN VATERS

Gott, unser Vater, hat unveränderliche und übernatürliche Eigenschaften und Fähigkeiten. Er wohnt in der Dimension des Geistes und der Ewigkeit und manifestiert sich in sichtbarer Form in der natürlichen Dimension. Unser Vater ist der kraftvolle und übernatürliche Gott, der heute noch in uns und durch uns dieselben Wunder und übernatürlichen Ereignisse vollbringt, wie zur Zeit der Bibel. Er möchte sich uns offenbaren, damit wir erkennen, wie Er wirklich ist und der Welt zeigen können, wer der einzig wahre Gott ist. Der Heilige Geist wird uns den Vater offenbaren und auch das, was uns durch Jesus zur Verfügung steht. Diese Offenbarung wird uns transformieren und aktivieren, damit wir einen Lebensstil mit übernatürlichen Erfahrungen führen können (Johannes 14,12). Somit wird das Leben als Kind Gottes attraktiv für Christen und Nichtchristen. Wenn unser Christentum nicht gekennzeichnet ist vom Übernatürlichen von Gott, dann haben wir nur eine tote Religion. Die Menschen müssen den auferstandenen Christus erleben. Wir dürfen der verlängerte Arm von Jesus sein. Durch uns will Er andere berühren und ihrer Not begegnen.

Es gibt Menschen, die schlechte Erfahrungen mit ihrem irdischen Vater gemacht haben und deshalb keine gute Beziehung zum himmlischen Vater entwickeln können. Lassen wir uns nun vom Heiligen Geist den vollkommenen, perfekten und guten Vater offenbaren. Erwarten wir, während wir die wunderbaren Eigenschaften unseres Vaters kennenlernen, eine gewaltige Transformation und Freisetzung, um in dieser übernatürlichen Dimension im „Hier und Jetzt" zu leben. Menschen werden sagen: „Wow, so starke Dinge kann man mit Gott in der heutigen Zeit erleben?" Gleichzeitig beten wir auch für eine neue Generation von Vätern, die diese wunderbaren Eigenschaften des himmlischen Vaters in der eigenen Familie leben.

A. Der Vater versorgt seine Kinder mit guten Gaben

In Matthäus 7,11 steht: *"Wenn nun ihr, die ihr böse seid, euren Kindern gute Gaben zu geben wisst, wie viel mehr wird euer Vater, der in den Himmeln ist, Gutes geben denen, die ihn bitten."*

In Jakobus 1,17 steht: *„Jede gute Gabe und jedes vollkommene Geschenk kommt von oben herab, von dem Vater der Lichter, bei dem keine Veränderung ist, noch eines Wechsels Schatten."*

Diese beiden Verse lehren uns, dass _____

Lesen Sie die folgenden Verse und schreiben Sie, was sie über das Herz des Vaters offenbaren:

"Und ich werde einen ewigen Bund mit ihnen schließen, dass ich mich nicht von ihnen abwende, ihnen Gutes zu tun. Und ich werde meine Furcht in ihr Herz legen, damit sie nicht von mir abweichen. Und ich werde meine Freude an ihnen haben, ihnen Gutes zu tun, und ich werde sie in diesem Land pflanzen in Treue, mit meinem ganzen Herzen und mit meiner ganzen Seele." Jeremia 32,40-41 _____

_____

Persönliches Beispiel: Immer, wenn wir meine Eltern besuchen, kochen sie etwas Besonderes extra für uns. Wenn es wieder Zeit ist aufzubrechen, fahren wir mit vielen leckeren Sachen zurück nach Hause. Ich kann sehen, wie meine Eltern uns gerne mit vielen Dingen, und mit dem Besten, beschenken. Meine Eltern denken immer: "Was kann ich ihnen noch geben, was gefällt ihnen oder macht ihnen Freude?" Und sie fragen mich außerdem: "Gibt es sonst noch etwas, das du mitnehmen möchtest?"

Wenn mein irdischer Vater schon so ist, wie viel mehr unser himmlischer Vater? Mit dem Wissen, dass unser himmlischer Vater vollkommen ist, voller Liebe und Barmherzigkeit, und dass Er das Beste für uns will, wie wäre Er zu uns, wenn schon unser irdischer Vater, der nicht mal vollkommen ist, so gut zu uns ist? _____

_____

_____

Ein Vater sorgt für seine Kinder. In 1. Petrus 5,7 steht: *"Werft alle eure Sorge auf ihn, denn er ist besorgt für euch."*

"Sorgen oder versorgen" bedeutet: Not begegnen, noch bevor sie auftaucht. Also, dieser Vers lehrt uns folgendes: _____

_____

_____

Jesus sagt uns in Matthäus 6,8 auch: *"Denn euer Vater weiß, was ihr benötigt, ehe ihr ihn bittet."*

Persönliches Beispiel: In einem Gespräch mit meiner Mutter erzählte ich einmal von einer großen finanziellen Ausgabe, die auf uns zu kam. Sie sagte zu mir: "Erzähl Papa davon, er wird dir gerne helfen. Er freut sich immer, wenn er weiß, wie er euch helfen kann." Und der Heilige Geist sprach zu mir: "Wenn euer irdischer Vater, der nicht vollkommen ist, sich schon freut, euch zu helfen, wie viel mehr euer himmlischer Vater. Keine Sorge, frag ihn, Er will dir geben, was du brauchst."

In Matthäus 6,26-33 gibt uns Jesus ein ausgezeichnetes Beispiel für Gott den Vater, als unseren Versorger. Nennen Sie kurz, was Jesus uns über den Vater lehrt: _____

_____

_____

Wie sollte unsere Haltung nach der Lehre Jesu in Matthäus 6,26-33 sein? _____

_____

_____

In dem Gleichnis, das Jesus in Lukas 15,11-32 erzählte, sehen wir einen Vater, der die Fülle hat und sich freut, seinen Kindern zu geben. Lesen Sie die Geschichte und schreiben Sie alles auf, was Sie über unseren

himmlischen Vater als Versorger finden: _____
_____

_____

Der Tod Jesu am Kreuz ist die Grundlage für Gott, unseren Vater, Seinen Kindern vollständige Versorgung zur Verfügung zu stellen. Alles, was wir heute oder in der Zukunft benötigen, sei es geistlich, emotional, materiell oder finanziell, sei es Kraft, Gesundheit, Befreiung oder irgendetwas anderes, alles wurde am Kreuz für uns zur Verfügung gestellt (Jesaja 53,3-5).

Der himmlische Vater, als unser Versorger, ist eine Quelle für alles, was wir brauchen. Personen, die Arbeitsstelle, das Geschäft, usw. sind verschiedene Kanäle für unsere Versorgung, aber nicht unsere Quelle. Die Quelle ist allein Gott. Er benutzt verschiedene Kanäle, um uns mit Gutem zu versorgen.

In Christus haben wir Zugang zu allem, was wir benötigen. Durch das vollständige Werk Jesu am Kreuz wurde Vorsorge getroffen für jede Not, die uns begegnen könnte. Legen Sie Ihre Bedürfnisse nun Ihrem guten Vater vor, der Ihnen gerne Gutes gibt. Wenn ein irdischer Vater seinen Kindern schon Gutes schenken möchte, wie viel mehr unser himmlischer Vater.

Wie oft hat der himmlische Vater schon für uns gesorgt, bevor die Not entstand, bevor wir etwas zu essen oder zum Anziehen brauchten, usw. Und wir mussten nicht leiden und betteln. Danken Sie Ihm dafür: ____
_____

_____

Beten Sie mit mir zusammen:

Vater, ich bin so privilegiert. Alle meine Sorgen und Ängste kann ich in deine Hände legen, und du erfüllst meine Bedürfnisse und sogar oft schon, bevor die Not da ist. Du kennst meine Bedürfnisse, bevor ich dich frage, und du gibst mir. Danke Papa. Du bist so gut zu mir. Danke, dass du dich um mich gekümmert hast. Ich überlasse all meine Sorgen jetzt in deine Hände. Ich weiß, dass du mir geben wirst, was ich brauche. Du wirst mir auch helfen, dein Werk und deinen Willen zu tun. Ich werde ein Segen sein und ich werde in der Lage sein, Vielen zu geben. Ich muss mir nichts leihen, aber ich werde anderen ausleihen. Bitte vergib mir, dass ich mir so oft Sorgen gemacht und dir nicht vertraut habe. Jetzt beschließe ich, dir allein zu vertrauen. Ich werde im Vertrauen leben, ohne Angst, denn ich weiß ja, an wen ich glaube und wer mein Vater ist. Heute deklariere ich, dass Gott, mein Vater, meine Quelle der Versorgung ist. Ich verlasse mich auf dich, Papa, und es wird mir nicht an Gutem mangeln. Mein Wohlstand kommt von dir. Ich bringe hundertfach Frucht, und Gnade und Barmherzigkeit folgen mir und werden mich erreichen.

Lesen Sie die folgenden Verse und schreiben Sie ein Dankgebet und einige Deklarationen, die auf diesen Schriften basieren: Psalm 34,9-10; Johannes 6,10-14; Maleachi 3,10-11; Psalm 23; Psalm 112,7; Psalm 37,25; Matthäus 7,11; Jakobus 1,17; Psalm 103,2-5,13.

Gebet der Dankbarkeit: _____
_____

_____

Deklaration: _____
_____

_____

Vervollständigen Sie folgende Tabelle basierend auf den obigen Versen:

Bibelstelle	Was ich tun muss	Was Gott, mein Vater, tut
Psalm 34,9-10	Gott fürchten und ihn suchen.	Gott versorgt mich mit allem, was ich brauche.
Johannes 6,10-14		

B. Der Vater beschützt uns

Der Vater ist jemand, der uns beschützt und uns umsorgt. Er kümmert sich um uns, wenn der Feind kommt, um uns anzugreifen und zu berauben. In Jesaja 43,2 finden wir das Versprechen des Vaters: *"Wenn du durchs Wasser gehst, ich _____, und durch Ströme, sie werden dich nicht _____. Wenn du durchs Feuer gehst, wirst du nicht _____, und die Flamme wird dich nicht verbrennen."* Der Schutz des Vaters umfasst:

1. Sicherheit: Wenn wir unter Seiner Abdeckung / Seinem Schutz sind, können wir uns sicher fühlen.
2. Zuflucht: Zu Ihm können wir laufen und Zuflucht finden, wenn andere uns hintergehen und verletzen. In Seinen Armen finden wir Annahme, Erleichterung und Heilung.
3. Abdeckung: Sie ist wie ein Dach, unter dem sich seine Kinder verkriechen. Dort fühlen wir uns geschützt und gut versorgt (Psalm 91,1-7). Unser Leben ist verborgen in den Armen unseres liebenden himmlischen Vaters. (Maldonado, 2015, S. 55)

Ein persönliches Beispiel: Mein Papa war einmal sehr krank und mir kam der Gedanke: "Was ist, wenn er jetzt stirbt?". Es schien mir, als würde ich dann meine Sicherheit, meinen Schutz und meine Abdeckung verlieren. Viele Fragen gingen mir durch den Kopf, zum Beispiel: „Was mache ich, wenn noch einmal solch eine schwierige Situation kommt, wo er mir so sehr geholfen hat?" Ich fühlte mich so sicher und geschützt, was meinen Papa anbelangte, weil ich wusste, dass er alles dafür tun würde, damit es mir gut ginge. In diesen Momenten der Unsicherheit und Verlassenheit erinnerte ich mich an meinen himmlischen Vater und dachte: "Ich habe einen Vater, der immer bei mir bleiben wird. Er wird mich beschützen und mir immer helfen. Tag und Nacht steht Er da mit offenen Armen, und von Ihm werde ich immer alles bekommen, was ich brauche." Gott offenbarte sich mir als schützender Vater. Dadurch kam wieder Frieden und Sicherheit in mein Herz.

Beten Sie mit mir zusammen zum Vater, unserem Beschützer:

Himmlischer Vater, du sorgst für mich und beschützt mich. Unter deiner Abdeckung fühle ich mich sicher. In Prüfungen bleibe ich nahe bei dir, ich gehe nicht von dir weg. Ich weiß, dass es notwendig ist, diese Prüfung zu bestehen, um weiterzukommen. Ich glaube an dich und an dein Wort, dass du bei mir bist, mich leitest, mir Weisheit und Kraft gibst
die richtigen Entscheidungen zu treffen und durchzuhalten. Ich treffe meine

Entscheidungen nicht aus dem Fleisch oder aus meiner Seele heraus, sondern ich mache mich eins mit deinem Willen und entscheide gemäß deines Willens. Ich zweifle nicht an dir und deinem Versprechen, ich bleibe fest und werde den Sieg sehen.

Auch wenn es in der Welt Unsicherheit gibt, ich schlafe und lebe in völligem Frieden. Ich fühle mich sicher und beschützt durch dich. Denn ich suche meine Hilfe nicht im Natürlichen. Ich hebe meine Augen auf zu dir, meinem Vater, der Himmel und Erde gemacht hat. (Psalm 121,1)

Sprechen Sie ein persönliches Gebet, indem Sie an die drei Merkmale des Schutzes Ihres himmlischen Vaters denken: _____

_____

_____

_____

Bibelvers zum Merken:

„Wenn nun ihr, die ihr böse seid, euren Kindern gute Gaben zu geben wisst, wie viel mehr wird euer Vater, der in den Himmeln ist, Gutes geben denen, die ihn bitten!" Matthäus 7,11

Lektion 3

C. Der Vater liebt uns

Menschlich gesehen ist es unmöglich, diese große Liebe Gottes zu verstehen. Wir können sie mit unserem menschlichen Verstand nicht verstehen, sie übersteigt alle Erkenntnis, wie es in Epheser 3,17-19 heißt: *"...dass der Christus durch den Glauben in euren Herzen wohne und ihr in Liebe gewurzelt und gegründet seid, damit ihr imstande seid, mit allen Heiligen völlig zu erfassen, was die Breite und Länge und Höhe und Tiefe ist, und zu erkennen die die Erkenntnis übersteigende Liebe des Christus, damit ihr erfüllt werdet zur ganzen Fülle Gottes."*

Mit unserem natürlichen Verstand können wir die Liebe Gottes nicht verstehen, sie übersteigt wirklich alle Erkenntnis. Das griechische Wort "gnosis" bedeutet verstandesmäßige Erkenntnis. Das griechische Wort "epignosis" bedeutet Erkenntnis durch Erfahrung. Diese Liebe des Vaters zu uns ist so hoch, so tief, so weit, so lang, dass wir "epignosis" (Erfahrung) benötigen, die jede "gnosis" (verstandesmäßige Erkenntnis) übersteigt.

Es hilft uns nicht nur zu wissen, dass Gott uns liebt, wir müssen die Liebe des Vaters erfahren. Versuchen Sie nicht, nur Erkenntnis (gnosis) anzuhäufen, denn _____

_____

Möglicherweise verstehen wir die Liebe Gottes, des Vaters, nicht und können sie nicht erklären, aber wenn wir sie erfahren, kennen wir sie mit dem Herzen. Dann wissen wir, dass Er uns liebt. Wenn wir wirklich diese Liebe erfahren, hören wir auf woanders nach Liebe zu suchen. Seine Liebe füllt uns, sie macht uns zufrieden, sie baut uns auf, sie versetzt uns in die Lage auch andere bedingungslos zu lieben, usw. Niemand sonst außer Gott kann uns diese Qualität an Liebe geben, kein Ehepartner, kein Pastor.

Wenn wir die Liebe des Vaters erfahren, dann _____

_____

_____

1. Seine Liebe ist bedingungslos

In 1. Johannes 4,16 steht: Gott ist Liebe. Dort steht nicht, dass Gott Liebe hat, sondern dass Gott Liebe ist. Das bedeutet: _____

Sein Wesen ist Liebe. In Johannes 16,27a steht: *"Denn der Vater selbst hat euch lieb."* Er liebt uns bedingungslos. Bedingungslos bedeutet: _____

_____

Er liebt uns immer und wird uns immer lieben. Er stellt keine Bedingungen. Er sagt nicht: "Wenn du das und das tust, werde ich dich lieben." Er sagt auch nicht: " Ich liebe dich nicht mehr, weil du gesündigt hast." Nein, Seine Liebe hört niemals auf, wie wir in 1. Korinther 13,8 lesen können. Aber wenn wir sündigen, können wir Seine Liebe nicht spüren, weil wir uns von Ihm entfernen. Die Sünde verhindert, dass diese Liebe zwischen dem Vater und uns fließen kann. Wenn wir eine gute Beziehung mit dem Vater haben und Seine Liebe genießen wollen, ist es notwendig, dass _____

_____

Denken Sie immer daran, dass Seine Liebe nie _____, auch wenn wir sündigen. Er liebt den Sünder, aber hasst die Sünde. Die Liebe Gottes zu uns ist immer gleich und verändert sich nie. Meine Nähe zu Gott entscheidet darüber, ob ich die Liebe erfahren kann, die Er für mich hat.

Ein Beispiel: Ein Kind, das nicht mehr in der Nähe des Vaters lebt, kann die Worte seiner Liebe nur noch am Telefon hören. Das Kind, das in der Nähe des Vaters lebt, kann die Worte der Liebe persönlich hören, die Umarmungen der Liebe genießen und die Liebe des Vaters spüren und sehen. Trotzdem ist die Liebe des Vaters für beide Kinder gleich.

Im Geistlichen verhält es sich genauso: Ein Kind, das sich durch die Sünde von seinem himmlischen Vater entfernt hat, kann die Worte der Liebe nur hören, aber es gibt Hürden, um diese Liebe zu spüren und zu erfahren, obwohl die bedingungslose Liebe für dieses Kind immer gleich ist. Das Kind, das näher am Herzen des Vaters ist, spürt und erfährt die Liebe des Vaters ungehindert.

Beten Sie mit mir zusammen und lassen Sie sich von Seiner bedingungslosen Liebe ganz durchdringen:

Vater, du hast nicht nur Liebe, du BIST die Liebe. Dein Wesen IST Liebe. Ich öffne mein Herz, ich hebe meine Hände zu dir und empfange deine Liebe. Du neigst dich zu mir mit überfließender Liebe. Ich bin dir nahe und spüre deine Liebe. Dein Feuer der Liebe berührt mein Leben jetzt. Deine Liebe durchdringt mich ganz und gar. Ich höre deine Stimme der Liebe, ich spüre deine liebende Umarmung. Ich genieße es, von deiner Liebe erfüllt und eingehüllt zu sein. In meinem Herzen war eine Leere, aber du hast sie gefüllt und füllst mich noch weiter. Deine Liebe ist bedingungslos. Danke, Papa. Auch wenn viele mich nicht lieben, du liebst mich. Ich reagiere jetzt auf deine Liebe und sage dir: Ich liebe dich, mein geliebter Papa, und werde dich immer lieben. Ich liebe dich mehr als andere Menschen. Du bist meine erste Liebe. Du bist das Wichtigste in meinem Leben, ich liebe dich mehr als alles andere. Nichts und niemand kann mir diese bedingungslose Liebe geben, die du mir gibst. Jeder Widerstand gegen deine Liebe und deine liebenden Umarmungen muss jetzt weichen. Die Mauern müssen fallen, die verhindern wollen, dass deine Liebe mein Herz durchdringt. Ich werde völlig von deiner Liebe durchdrungen. Deine Liebe und Gegenwart füllt jede Leere in meinem Herzen.

Ich liebe dich, mein geliebter Vater, mit meinem ganzen Herzen, mit meiner ganzen Seele und mit meinem ganzen Verstand.

(Fahren sie einfach fort, mit ihrem geliebten Papa zu sprechen!)

2. Seine Liebe baut mich auf und macht mich glücklich

In 1. Korinther 8,1b-3 steht: *"Die Erkenntnis bläht auf, die Liebe aber erbaut. Wenn jemand meint, er habe etwas erkannt, so hat er noch nicht erkannt, wie man erkennen soll; wenn aber jemand Gott liebt, der ist von ihm erkannt."*

Wir müssen Seine Liebe unbedingt erfahren. Seine Liebe macht uns glücklich und baut uns auf. Unser menschliches Wissen ist nichts im Vergleich mit Seiner großen Liebe. Beim menschlichen Wissen geht es nur darum, Daten und Informationen zu speichern; es baut uns nicht auf, es verändert uns nicht und es macht uns nicht glücklich.

Wir sehnen uns danach, mit Seiner Liebe erfüllt zu sein. Wenn wir diese Liebe erfahren, werden wir auferbaut und glücklich. Seine Liebe bewirkt eine Veränderung in uns. Wir machen uns eins mit dem, der in Psalm 42,2 gesagt hat: *"Wie eine Hirschkuh lechzt nach Wasserbächen, so lechzt meine Seele nach dir, Gott!"*

Der Vater ist sowohl die wahre Quelle der Liebe, als auch die Quelle wahrer Liebe. Menschen sind Kanäle für die Liebe Gottes. Wenn wir diese wahre Liebe finden, brauchen wir nirgendwo sonst mehr zu suchen.

Der himmlische Vater ist die Quelle _____

_____

Und ich brauche nicht mehr an folgenden Orten nach Liebe zu suchen: _____

_____

_____

Drücken Sie jetzt Ihre Sehnsucht nach Ihm aus und fangen Sie an von der wahren Quelle zu trinken: _____

_____

_____

_____

_____

Beten Sie mit mir zusammen:

Deine Liebe, Vater, ist mir viel wichtiger, als nur viel menschliches Wissen zu haben. Deine Liebe baut mich auf, ermutigt mich, stärkt mich, macht mich glücklich. Tauche mich ein in deine Liebe. Ich genieße es, mit dir eine Beziehung zu haben, die aus wahrer Liebe besteht. Deine Liebe fließt durch mein ganzes Wesen, füllt mich und stellt mich wieder her.

Jeder Geist von falscher Liebe weicht aus meinem Leben. Vergib mir, dass ich bei anderen das gesucht habe, was nur du mir geben kannst. Ich wende mich ab von jedem Ersatz für deine Liebe. Ich muss nicht mehr verzweifelt an anderen Orten nach Liebe suchen. Denn deine Liebe erfüllt mich und macht mich zufrieden. Deine Gegenwart und deine Liebe sind für mich viel attraktiver und schöner, als das Allerwertvollste auf dieser Welt.

Ich liebe dich, Papa. Du bist meine einzig wahre Quelle der Liebe. Ohne dich und deine Liebe möchte ich nicht mehr leben. Ich empfange jetzt deine Liebe. Danke, dass du mich genau jetzt mit deiner Liebe und Annahme füllst.

Wie die Hirschkuh lechzt nach Wasserbächen, so ruft meine Seele zu dir, o Gott. Ich trinke von deinen Strömen des lebendigen Wassers, ich trinke von deinem Geist und deiner Gegenwart. Sie gibt mir Leben, Gesundheit, Trost, Liebe, Wiederherstellung. Ich trinke nicht mehr von dem abgestandenen Wasser, weil es mir nicht guttut und mich nicht zufrieden macht.

(Empfangen Sie weiter von Ihrem himmlischen Vater und drücken Sie Ihre Sehnsucht in eigenen Worten aus)

_____

_____

_____

3. Der Vater gab aus Liebe zu mir seinen geliebten Sohn

Die größte Demonstration der Liebe Gottes war der Tod Seines Sohnes Jesu am Kreuz. Durch Seinen Tod erhalten wir Vergebung unserer Sünde, Befreiung von allen Gebundenheiten und Bedrückungen von Satan und seinen Dämonen, Heilung für Geist, Seele und Leib, Wiederherstellung der Beziehung zum himmlischen Vater, Erlösung aus der Macht der Finsternis und Versetzung ins Reich des Lichts, Zugang zum Vater und Seinem Reichtum.

Denken Sie darüber nach, was der Vater aus Liebe zu Ihnen und zu mir getan hat:

"Hierin ist die Liebe Gottes zu uns offenbart worden, dass Gott seinen eingeborenen Sohn in die Welt gesandt hat, damit wir durch ihn leben möchten." 1. Johannes 4,9

"Er, der doch seinen eigenen Sohn nicht verschont, sondern ihn für uns alle hingegeben hat - wie wird er uns mit ihm nicht auch alles schenken?" Römer 8,32

"Gott aber erweist seine Liebe zu uns darin, dass Christus, als wir noch Sünder waren, für uns gestorben ist." Römer 5,8

Diese drei Verse zeigen uns folgendes: _____

_____

Aus Liebe zu uns sandte der Vater Seinen geliebten Sohn. Darum sind wir gerettet und können eine Beziehung mit unserem himmlischen Vater haben. Christus hat nie gesündigt. Aber Gott behandelte Ihn so, als ob Er gesündigt hätte, um uns durch Christus für unschuldig zu erklären (2. Korinther 5,21).

Gemäß Römer 8,32 hat Gott uns mit Christus folgendes gegeben: _____

_____

Durch die Auferstehung Jesu wird diese Auferstehungskraft auch in uns wirksam. Wir bekommen ein komplett neues, geistliches Leben geschenkt und werden mit Christus versetzt in himmlische Orte (Epheser 2,6), um von dieser übernatürlichen Dimension aus zu wirken als:

- Priester. Um ein neutestamentlicher Priester zu sein, brauchen wir weder eine Ordinierung noch spezielle Kleidung. Ein Priester ist jemand, der geistliche Opfer darbringt (Hebräer 5,1). Er bringt Lobpreisopfer (Hebräer 13,15), stellt sich selbst mit seinem Körper zum Dienst zur Verfügung, tut Gutes und teilt mit anderen (Hebräer 13,16), gibt materielle Opfer, betet und steht in Fürbitte für andere ein.
- Könige. In der Rolle als Könige haben wir die Autorität auf der Erde, Macht auszuüben. Wir handeln hier auf der Erde mit der uns aus dem Himmel delegierten Autorität und im Sinn des himmlischen Vaters. Wir deklarieren hier auf der Erde das, was im Himmel deklariert wird. Wir tun das, was wir den Vater und Jesus tun sehen. Wir dürfen nun die Autorität und Herrschaft durch Christus ergreifen über jeden Feind, der durch Jesu Auferstehung überwunden und besiegt wurde (Römer 5,17).

Als Bürger des Reiches Gottes sind wir nicht nur irgendwelche Einwohner, sondern Priester und Könige unter der Herrschaft von Christus, unserem König und Hoherpriester (1. Petrus 2,9; Offenbarung 1,5-6; 5,9-10). Diese zweifache Funktion beschreibt unsere gottgegebene Herrschaft hier auf Erden. Gott, unser Vater, möchte, dass wir Sein Reich hier auf Erden ausbreiten, indem wir die zwei Dienste als _____

_____ erfüllen. Das machen wir zum Beispiel, wenn wir _____

_____

_____

Jesus Christus lebt und Seine Auferstehungskraft ist aktiv und heute verfügbar. Auch heute dürfen wir erwarten, dass Heilungen und Wunder geschehen. Das Kreuz und die Auferstehung Jesu sind historische Tatsachen, aber sie müssen heute offenbart und demonstriert werden. Menschen, die mit der Auferstehungskraft in Berührung kommen, sagen zum Beispiel: „Früher war ich bedrückt und deprimiert, aber heute bin ich eine andere Person. Jetzt genieße ich das Leben und empfange täglich vom himmlischen Vater, was ich brauche."

Wir sind mit Christus gekreuzigt und wir machen eine „Todeserklärung" an unsere „alte sündige Natur", damit sich die Auferstehungskraft durch uns manifestieren kann (Galater 2,20; Lukas 9,23; Johannes 12,24-25). Wenn wir der sündigen Natur Raum geben, blockiert es den Fluss der Kraft Gottes in uns und durch uns zu anderen. Deshalb ist es wichtig _____

_____

_____

Von nun an müssen wir uns ständig dazu entscheiden, ein Leben „im Geist" zu leben. Wir können dann erwarten, dass Seine übernatürliche Kraft in uns und durch uns freigesetzt wird. Wir erwarten dann, dass Menschen um uns herum von neuem geboren werden. Befreiungen, Heilungen und Wunder sollten für uns die Norm werden (Matthäus 10,7-8). Wir erwarten eine „Auferweckung" von Diensten, Visionen, Träumen, Geschäften, Beziehungen, usw.

Kolosser 3,1-3 lehrt uns: _____

_____

Die Auferstehung Jesu garantiert auch unsere Auferstehung (2. Korinther 4,14).

Durch den Tod Jesu am Kreuz erhalten wir: _____

_____

_____

Durch die Auferstehung Jesu erhalten wir: _____

_____

_____

Beten Sie mit mir zusammen:

Geliebter Vater, deine Liebe besteht nicht aus Worten ohne Taten. Du hast deinen Sohn gesandt, aus Liebe zu mir. Er ist der Weg zu dir, mein geliebter Vater. Danke, danke, danke. Du hast deinen Sohn nicht gesandt, um die Sünder zu verurteilen, sondern um sie zu retten. Und ich glaube an dich und es gibt jetzt keine Verdammnis mehr für mich.

Du hast mir vergeben und rechnest mir meine Schuld nicht mehr an, sondern hast mir neues Leben geschenkt. Jetzt bin ich dein Freund und dein Kind und du hast mich damit beauftragt, anderen diese frohe Botschaft weiterzugeben. Ich lebe nicht mehr für mich selbst, sondern für dich, Christus, der gestorben und auferstanden ist, um mir ewiges Leben zu geben. Ich lebe, um dir, mein Vater, und anderen Menschen zu dienen. Vergib mir, wo ich nach meinem eigenen Willen gelebt habe und somit deine Auferstehungskraft nicht durch mich fließen konnte. Solange ich lebe, stelle ich mich von jetzt an als lebendiges Opfer dir zur Verfügung. Hier bin ich, ich lebe für dich. Salbe mich mit Autorität und Kraft, damit ich die Berufung, die du für mein Leben hast, als einer deiner Priester und Könige, erfüllen kann und um dein übernatürliches Reich auf der Erde auszubreiten und gemäß deinem Willen zu herrschen.

Erwecke du mein Leben, meine göttliche Bestimmung, meine Gesundheit, meine Finanzen, mein Zuhause und mein _____ zu einem neuen Leben. Durch deine Auferstehung wurde das Unmögliche möglich. Danke, dass deine Auferstehungskraft für mich in jeder Situation und wo immer ich hingehe verfügbar und aktiv ist. Ich erwarte und glaube dein übernatürliches Eingreifen in meiner Situation.

Danke, dass du uns deinen Sohn Jesus gegeben hast und mit ihm alles andere. Danke für _____

_____

_____

4. Seine Liebe erfüllt mich und macht mich liebesfähig

Wenn wir eine Liebesbeziehung mit Gott, unserem Vater haben, können wir auch andere Menschen lieben. Das zeigt uns auch 1. Johannes 4,7-8: *"Geliebte, lasst uns einander lieben! Denn die Liebe ist aus Gott; und jeder, der liebt, ist aus Gott geboren und erkennt Gott. Wer nicht liebt, hat Gott nicht erkannt, denn Gott ist Liebe."* In diesem Vers sehen wir ganz klar, dass _____

_____

Seine Liebe wurde über uns ausgegossen durch den Heiligen Geist und jetzt können wir andere mit der Liebe Gottes lieben (Römer 5,5).

In 1. Johannes 4,19-21 steht: _____

_____

Beten Sie mit mir zusammen:

Geliebter Papa, danke für deine Liebe. Du füllst mich mit deiner Liebe bis zum Überfließen. Jetzt kann ich andere lieben. Ich bleibe in deiner Liebe, lebe verliebt in dich, und darum liebe ich das, was du liebst.

Ich bin voll von Liebe, Annahme und Barmherzigkeit und darum fließt deine Liebe von mir zu den Menschen, mit denen ich zusammen bin. Genau wie du, werde auch ich alle anderen Personen in gleicher Weise mit Liebe und Barmherzigkeit behandeln. Durchdrungen von deiner Liebe bringe ich die gute Botschaft der Erlösung, Befreiung und Heilung zu den Menschen. Hier bin ich, gebrauche mich, um andere Menschen zu lieben, zu befreien, zu heilen, zu erwecken und wiederherzustellen.

Bibelvers zum Merken:

"Denn die Berge mögen weichen und die Hügel wanken, aber meine Gnade wird nicht von dir weichen und mein Friedensbund nicht wanken, spricht der HERR, dein Erbarmer." Jesaja 54,10

Lektion 4
D. Der Vater lehrt uns

Der Vater möchte, dass es uns gut geht. Er möchte, dass wir wachsen und dass wir Ihn auf dieser Erde widerspiegeln und Sein Königreich ausbreiten können. In 5. Mose 12,28 zeigt Er uns ganz klar, was Er sich für uns wünscht. Dort steht: *"Hab acht und höre auf all diese Worte, die ich dir gebiete, damit es dir und deinen Kindern nach dir für ewig gut geht, weil du tust, was gut und recht ist in den Augen des HERRN, deines Gottes!"*

Sein Wunsch ist, dass es uns gut geht und darum unterweist Er uns. Die Bibel ist voll von Ratschlägen und Anweisungen von unserem himmlischen Vater. Er gibt uns diese Ratschläge und Anweisungen, weil _____

_____

In Sprüche 4,10-11 lesen wir den wichtigen Ratschlag eines Vaters: *"Höre, mein Sohn, und nimm meine Worte an, dann werden dir zahlreich die Lebensjahre! Im Weg der Weisheit unterweise ich dich, lasse dich gehen auf geraden Bahnen."* Das ist ein Vaterherz.

Auch wenn der Vater uns diszipliniert, tut Er das zu unserem Besten. Er schreit uns nicht an oder bestraft uns auf egoistische Weise, weil er verärgert, wütend oder genervt ist. Er schickt uns nicht vor die Tür oder bringt uns zum Schweigen, damit er nicht gestört wird. In Hebräer 12,10 steht: *"Denn sie züchtigten uns zwar für wenige Tage nach ihrem Gutdünken, er aber zum Nutzen, damit wir seiner Heiligkeit teilhaftig werden."*

Seine Disziplinierung ist_____

Lesen Sie Psalm 19,8-12 und schreiben Sie auf, was der Autor über die Anweisungen (das Gesetz, die Gebote) Gottes, unseres Vaters sagt: _____

_____

_____

Was der Vater uns rät und beibringt, macht uns weise und erfreut das Herz. Braucht das jemand?

Der Autor, König Salomon, vergleicht das Gesetz Gottes mit Gold. Er sagt, dass das Gesetz Gottes kostbarer ist als Gold. Schon seit Urzeiten ist Gold das Sinnbild für das Allerwertvollste, Beste, Höchste. Das bedeutet, wenn das Gold Sinnbild ist für _____, ist das Wort Gottes _____

Stellen Sie sich einen Sportler bei den Olympischen Spielen vor, der sich danach sehnt, eine Goldmedaille zu gewinnen. In der Bibel steht, dass das Wort Gottes (Seine Gebote) erstrebenswerter sind als _____. Wie privilegiert sind wir doch, dass wir die Bibel haben und lesen können, was der Vater uns lehrt.

Der Psalmist betet: *"Öffne meine Augen, damit ich schaue die Wunder aus deinem Gesetz."* Psalm 119,18

Beten Sie mit mir zusammen:

Danke Papa, für deine Unterweisung und deine Führung, die du uns durch dein Wort gibst. Ich sehe, dass du gute Pläne für mich hast. Öffne meine geistlichen Augen, um die Tiefe deines Wortes zu erkennen. Ich werde im Licht deines Wortes wandeln und jeder Schritt, den ich mache, wird durch den Heiligen Geist geleitet. Alles in mir richtet sich nach deinem vollkommenen Willen aus, der in deinem Wort offenbart wird. Ich gehe und lebe im Gehorsam gegenüber deinem Wort.

Ich höre dein Wort, ich glaube es, ich bekenne es, ich handle gemäß deinem Wort und ich werde erleben, wie sich dein Wort erfüllt. Ich glaube und werde die Herrlichkeit Gottes sehen (Johannes 11,40).

Beten Sie einfach mit eigenen Worten weiter: _____

_____

_____

E. Der Vater schult uns und führt uns zum Sieg

Ein Vater möchte sehen, dass sein Kind erfolgreich ist. Ein Vater möchte sehen, dass sein Kind Fortschritte macht, Früchte trägt und neues „Land" im Leben erobert. Er unterweist es und trainiert es, um im Sieg zu leben. In Psalm 18,33-35 steht (unter anderem), dass Gott uns für den Kampf schult.

1. Der Vater ist mit uns

Der Vater ermutigt uns immer und sagt: „Sei mutig, ich bin mit dir." Lesen Sie Seine Verheißungen:

"Er aber sagte: Fürchte dich nicht! Denn zahlreicher sind die, die bei uns sind, als die, die bei ihnen sind. Und Elisa betete und sagte: HERR, öffne doch seine Augen, dass er sieht! Da öffnete der HERR die Augen des Dieners, und er sah. Und siehe, der Berg war voll von feurigen Pferden und Kriegswagen um Elisa herum." 2. Könige 6,16-17

"Es soll niemand vor dir standhalten können, alle Tage deines Lebens. Wie ich mit Mose gewesen bin, werde ich mit dir sein; ich werde dich nicht aufgeben und dich nicht verlassen. Sei stark und mutig! Denn du, du sollst diesem Volk das Land als Erbe austeilen, das ihnen zu geben ich ihren Vätern geschworen habe." Josua 1,5-6

"Und sie werden gegen dich kämpfen, dich aber nicht überwältigen, denn ich bin mit dir, spricht der HERR, um dich zu retten." Jeremia 1,19

In diesen Versen verheißt Er uns, dass _____

_____

_____

Der Vater lässt uns nie alleine. Wenn schwierige Situationen kommen, unterweist Er uns, schult Er uns, ist Er bei uns und gibt uns den Sieg.

Durch alle Umstände unseres Lebens hindurch formt Gott uns, damit wir reife und verantwortungsbewusste Kinder werden. Wie den Sohn eines Königs oder eine Person mit hoher Verantwortung, trainiert Er uns, für eine Position der Ehre und der Herrschaft. Die geliebten Kinder genießen eine höhere Bildung. Sein Königreich ist geistlich und ewig und darum sind die göttlichen Trainingsmethoden anders als die Irdischen.

2. Jesus lebte im Sieg

Jesus manifestierte die Macht und vollkommene Herrschaft des Vaters über die Natur, die Sünde, den Tod, die Krankheit und die Macht Satans, als Er auf dem Wasser ging, den Sturm stillte, das Wasser in Wein verwandelte, die Kranken heilte, Tote auferweckte und Menschen von Dämonen befreite. Jesus als Sohn vom himmlischen Vater zeigte uns, wie wir als Söhne und Töchter von Gott leben sollten.

3. Durch Jesus gehört auch uns der Sieg

In jedem Kapitel der Apostelgeschichte lesen wir von übernatürlichen Siegen. In den neutestamentlichen Zeiten waren Wunder einfach an der Tagesordnung.

Durch Jesu Tod und Auferstehung hat Gott der Vater uns aus dem Reich der Finsternis ins Reich des Lichts versetzt (Kolosser 1,13). Jetzt sitzen wir an himmlischen Orten im Reich Gottes und herrschen mit Jesus.

Durch die Auferstehung von Jesus wurde Sein göttliches Wesen, Sein Königreich und Seine Herrschaft über das Reich Satans rechtsgültig. Durch Jesu Tod und Auferstehung wurde Satan besiegt, entthront, entwaffnet und vernichtet (Kolosser 2,15; Hebräer 2,14). Satans Niederlage ist total, permanent, für ewig und unwiderruflich. Die Herrschaft wurde Satan genommen und den Kindern Gottes zurückgegeben. Diejenigen, die von neuem geboren wurden, sind mit Christus versetzt an himmlische Orte (Epheser 2,6). Im Geist durch Glauben befinden wir uns in Christus in der Regierungsposition. Wir leben im Sieg, den Jesus für uns errungen hat. Wir dürfen jedes Werk des Teufels zunichtemachen im Namen Jesu (Lukas 10,19). Durch den Sieg Jesu sind wir nun mehr als Überwinder (Römer 8,37).

Wir haben es mit einem Feind zu tun, der durch Jesu Tod und Auferstehung besiegt, _____, _____ und _____ wurde.

Laut Lukas 10,19 wurde uns Macht gegeben über _____

Manche fragen sich nun, wieso der Feind immer noch die Christen angreift, obwohl er schon besiegt ist. Satan versucht durch drei Strategien uns zu Fall zu bringen:

- **Versuchung.** Satan hat keine legale Macht und Autorität mehr über uns, den Kindern Gottes, außer wir geben sie ihm. Deswegen versucht er uns zu täuschen und zu verführen, damit wir auf ihn hören und ihm gehorchen und er auf diese Weise ein legales Anrecht bekommt, uns erneut berauben oder zerstören zu können. Solange wir in der Wahrheit, im Gehorsam und in enger Gemeinschaft mit unserem Vater bleiben, kann er uns nichts antun.
- **Verfolgung.** Satan versucht andere Personen anzustiften, damit sie uns unterdrücken, ablehnen, kritisieren, usw. Jesus erlebte Verfolgung durch die religiösen Leiter seiner Zeit. Der Feind versucht jeden anzugreifen und zu verfolgen, der sich entscheidet, Gottes Willen zu tun.

- **Anklage.** Satan versucht ständig, den Christen etwas vorzuwerfen, damit sie sich schuldig fühlen und um sie dadurch zu entmutigen und uneffektiv zu machen. Satan gebrauchte rebellische Menschen, die Jesus zu Unrecht beschuldigten, um Ihn umzubringen.

In dem Moment, wo wir ins Reich Gottes versetzt wurden, wurden wir zu Feinden von Satan und sind somit in einen geistlichen Kampf verwickelt. Es ist unmöglich mit dem Reich der Finsternis in Frieden zu leben. Satans Absichten sind uns zu berauben, zu zerstören und uns zu töten. Aber wir dürfen wissen, wenn wir uns im Reich Gottes, unseres Vaters befinden, befinden wir uns auf der Siegerseite. Wir haben Macht und Autorität, um dem Feind zu widerstehen, ihm im Namen Jesu Einhalt zu gebieten und um das Reich Gottes aufzurichten. Wir ordnen uns Gott unter, widerstehen dem Teufel und er muss fliehen (Jakobus 4,7). Jesus hat alle Macht und Autorität, aber es ist unsere Aufgabe sie sichtbar werden zu lassen (Matthäus 28,18-19).

Als Kinder Gottes befinden wir uns im Reich Gottes und auf der Siegerseite, aber im ständigen Konflikt mit

_____

Beten Sie mit mir zusammen:

Lieber Vater, in Jesu Namen komme ich zu dir und gebe dir alle Bereiche, in denen ich keinen Sieg haben konnte, auch die Bereiche, in denen ich mich schwach und gefangen fühle. Vergib mir, dass ich auf fremde Stimmen gehört habe, mich habe entmutigen lassen und zurückgewichen bin. Oft habe ich nur meine eigenen Kräfte, die Umstände und andere Menschen betrachtet.

Ohne dich kann ich nicht siegen, aber mit dir kann ich den Sieg haben. Ich richte mich nach deinen Plänen und Strategien aus, um zu kämpfen, und ich werde siegreich sein. Danke, dass du Heere postiert hast, um mich zu beschützen, für mich zu sorgen und mich zu verteidigen.

Hilf mir, in schwierigen Zeiten nicht zu meckern und zu lernen, dir und deiner Versorgung zu vertrauen. Ich möchte dir gefallen und dich in einer neuen Dimension erleben.

Deine Macht ist übernatürlich, unbegrenzt, unerschöpflich und jeder anderen Macht überlegen. Ich vertraue dir und werde im Sieg leben.

Eine Deklaration basierend auf Psalm 18,33-51:

Du bist der, der mich mit Kraft gürtet und meinen Weg vollkommen macht. Du machst mich stark. Du schulst meine Hände für den Kampf. Deine Rechte stützt mich und deine Güte hat mich groß gemacht. Darum sage ich: Ich habe Macht und bin gestärkt und geschult für den Kampf.

Ich weiß, dass ich kämpfen muss, um in eine andere Dimension zu kommen. Aber ich weiß auch, dass du mich befähigst und ich siegreich sein werde. Ich verfolge meine Feinde, ich hole sie ein und kehre nicht um, bis ich

sie vernichtet habe. Sie fallen unter meine Füße, doch du hast mich mit Kraft umgürtet für den Kampf. (Meine Feinde sind nicht Menschen, sondern dämonische Mächte und Gewalten, wie es in Epheser 6,12 steht.)

Meine Feinde kehren mir den Rücken zu. Du hast mir den Schild deines Heils gegeben, deine Rechte stützt mich. Ich bin tapfer und mutig und nehme das Land ein, das du mir verheißen hast. Ich ergreife mein Erbteil.

Du bist erhaben, Gott meiner Rettung, du befreist mich von meinen Feinden, du erhöhst mich und machst mich zum Haupt. Du gibst mir große Triumphe, zeigst mir deine Barmherzigkeit. Darum werde ich dich bekennen unter den Nationen und deinem Namen singen.

Sagen Sie ihrem himmlischen Vater Dank für das, was Er für Sie tut, und erklären Sie den Sieg über Ihre persönliche Situation: _____

_____

Denken Sie an David und seine Siege. Was war seine Strategie, um den Sieg zu erlangen? _____

_____

_____

David sagte: *"Wer ist denn dieser unbeschnittene Philister da, der die Schlachtreihen des lebendigen Gottes verhöhnt?"... "Und David antwortete dem Philister: Du kommst zu mir mit Schwert, Lanze und Kurzschwert. Ich aber komme zu dir im Namen des HERRN der Heerscharen, des Gottes der Schlachtreihen Israels, den du verhöhnt hast"* (1. Samuel 17,26+45).

Beten Sie mit mir zusammen:

Ich deklariere, dass ich denselben Geist des Kampfes und der Kühnheit besitze, den auch David hatte. Ich bin mutig und trainiert in Geist, Seele und Körper, um in den Kampf zu ziehen. Ich weiß, wer mit mir ist, ich kenne meinen Vater. Er ist der allmächtige Gott, der übernatürliche Gott. Ich trete meinen Feinden mit meinem allmächtigen Vater entgegen.

Wenn der Feind mich angreifen will, stehe ich auf und sage ihm: "Wer bist du denn, dass du mich, meine Familie, meine Finanzen, mein Erbe anfasst? Mein Vater ist bei mir und er ist allmächtig."

Ich bin jemand, der jeden Riesen besiegt, der mir entgegentritt, weil mein allmächtiger Vater bei mir ist, der HERR der Heerscharen Israels.

Die Feinde, die mein Erbteil und mein verheißenes Land umzingeln, werden wir essen wie Brot, denn ihr Schutz ist von ihnen gewichen, aber bei uns ist Gott, der Allmächtige, mein geliebter Vater.

Dasselbe gilt auch für folgende Situation: _____

_____

Bibelvers zum Merken:

„Hab acht und höre auf all diese Worte, die ich dir gebiete, damit es dir und deinen Kindern nach dir für ewig gut geht, weil du tust, was gut und recht ist in den Augen des HERRN, deines Gottes!" 5. Mose 12,28

Lektion 5

III. DIE OFFENBARUNG DER SOHNSCHAFT

Es reicht nicht aus, nur zu wissen, dass wir Kinder Gottes sind; wir brauchen eine Offenbarung über unsere Sohnschaft. Der Heilige Geist muss uns das tiefgründige und wichtige Wesen der Sohnschaft offenbaren. Ein Sohn ist wesentlich höhergestellt, als ein Diener oder Freund. Die Beziehung eines Sohnes mit seinem Vater ist viel tiefer, als die Beziehung, die er mit einem Angestellten hat. Es gibt Dinge, die sind nur für Söhne. Um den Plan, den Gott mit uns auf dieser Erde hat, zu erfüllen, ist diese Offenbarung unerlässlich. Die Offenbarung, ein Sohn Gottes zu sein, verändert unsere Denk- und Lebensweise.

Die Offenbarung unserer Sohnschaft gibt uns Identität und Bestimmung. Wir wissen, woher wir kommen, wir wissen, warum wir hier auf dieser Erde sind und wir wissen, wohin wir gehen.

Es gibt fünf grundlegende Fragen, die jeder beantworten können sollte:

1. Wer bin ich? (Identität)
2. Woher komme ich? (Herkunft)
3. Warum bin ich auf dieser Erde? (Bestimmung)
4. Was kann ich tun? (Potenzial)
5. Wohin gehe ich? (Ziel)

(Maldonado, 2015, S. 97)

Können Sie diese Fragen beantworten? Diese Fragen hängen mit der Offenbarung zusammen, dass wir Söhne Gottes sind. Wer die Offenbarung der Vaterschaft Gottes hat und danach lebt, kann diese fünf Fragen beantworten.

Jesus kannte die Antworten. Was waren Seine Antworten auf diese Fragen? (Johannes 13,3; Lukas 2,49; Johannes 17,26; Lukas 4,18-19; Johannes 5,30; Johannes 8,29)

Frage	Antwort von Jesus	Bibelstelle
Wer bin ich? (Identität)		
Woher komme ich? (Herkunft)		
Warum bin ich auf dieser Erde? (Bestimmung)		
Was kann ich tun? (Potenzial)		
Wohin gehe ich? (Ziel)		

A. Wie man ein Sohn Gottes wird

Als Gott den Menschen erschuf, hauchte Er ihm Sein Leben und Seinen Geist ein. Er gab ihm Anteil an Seiner DNA und erschuf damit die menschliche Rasse als Seine Kinder hier auf der Erde. Wir alle kommen von Ihm. Er ist unser Ursprung. Aber durch die Sünde ging diese Identität verloren. Darum sandte Gott Seinen Sohn Jesus, um unsere Identität und Position als Söhne wiederherzustellen.

Wir alle waren einmal versklavt, schmutzig, verdammt, schuldig und ohne Hoffnung auf ewiges Leben. Denn nur die Gerechten erhalten Zutritt zum Himmel. In der Bibel steht, dass es keine Gerechten gibt, weil alle gesündigt haben. Wir wurden für schuldig erklärt und verurteilt zum Leiden und zum Tod. Wer kann uns von diesem schrecklichen Urteil erlösen? Menschlich gesehen ist es unmöglich, für gerecht erklärt zu werden und in die Freiheit einzutreten. Keine noch so guten Werke nützen uns, um gerecht gesprochen zu werden. Aber Gott machte es möglich. Diese gute Botschaft und revolutionäre Wahrheit sollte jeder hören und glauben.

Jesus predigte das Evangelium und forderte uns auf, zwei Dinge zu tun: *"Die Zeit ist erfüllt, und das Reich Gottes ist nahe gekommen. Tut Buße und glaubt an das Evangelium!"* (Markus 1,15)

Zwei Dinge sind von unserer Seite her notwendig, um gerettet zu werden, danach tut Gott seinen Teil.

Unser Teil:

- Buße tun
- An das Evangelium glauben

Gottes Teil:

- Uns rechtfertigen
- Uns ein neues geistliches Leben geben (neue Schöpfung, neue Geburt)

Unsere Antwort darauf als Kinder Gottes: Ein fortwährender Lebensstil der Heiligung. Das beinhaltet konkret: geistlich zu wachsen, Erneuerung des Denkens, Charakterformung.

1. Unser Teil

Wir sehen uns zuerst das an, was von unserer Seite her notwendig ist, um ein Kind Gottes zu werden:

a. Buße tun

In Apostelgeschichte 3,19-20a steht: *"So tut nun Buße und bekehrt euch, dass eure Sünden ausgetilgt werden, damit Zeiten der Erquickung kommen vom Angesicht des Herrn."*

Buße bedeutet eine Änderung des Denkens, der Einstellung und des Verhaltens. Buße ist eine Änderung unserer Lebensweise, nachdem wir unsere Sichtweise und Einstellung im Hinblick auf die Sünde und die Gerechtigkeit völlig verändert haben. Buße tun heißt, unseren eigenen Weg verlassen, uns Gott zuwenden und uns Ihm vorbehaltlos unterordnen, um Seinen Willen zu tun. Wenn der Heilige Geist uns von der Sünde überführt, entscheiden wir uns sie zu bekennen, Buße zu tun und uns von der Sünde zu trennen.

Buße bedeutet: _____

Die bußfertige Person sieht ihren Irrtum ein und verabscheut die Sünde, sehnt sich danach, frei zu sein, bekennt, bittet um Vergebung und kehrt der Sünde den Rücken zu. Sie verbirgt nichts, sie übernimmt Verantwortung für die Sünde und öffnet ihr Herz für Gott und entscheidet sich, nicht wieder zur Sünde zurückzukehren. Eine bußfertige Person trennt sich von der Sünde und nähert sich Gott (Matthäus 3,8; Lukas 13,5; Apostelgeschichte 3,19). Wir erkennen, dass eine Person Buße tut, wenn sie _____

_____

_____

Der Beweis für echte Buße ist die Transformation eines Christen. Die Mehrheit der Probleme, die Menschen haben, haben ihre Ursache in fehlender echter Buße. Wenn die Menschen vollständig Buße täten, würden sich viele ihrer Probleme erledigen, denn ein bußfertiger Mensch widersteht Gott nicht mehr.

b. An das Evangelium glauben

Das Evangelium ist die frohe Botschaft, dass Gott uns liebt und dass Er nicht will, dass jemand verloren geht. Darum schickte Er uns Seinen geliebten Sohn Jesus Christus, um für uns zu sterben (Johannes 3,16-18). Jesus Christus ist auferstanden und Er ist Herr aller Herren und König aller Könige. Mit Seinem Tod am Kreuz und Seiner Auferstehung besiegte und entwaffnete Er Satan. Alle Seine Kinder hat Er mitversetzt an himmlische Orte (Epheser 2,6), um zu herrschen und das Königreich Gottes hier auf der Erde auszubreiten.

Wir waren versklavt und unter der Herrschaft Satans. Um den „gefallenen" Menschen zu erlösen (oder ihn zurückzukaufen), musste Gott Seinen eingeborenen Sohn geben. Gott hat für unsere Freiheit bezahlt, wir müssen nicht mehr Sklaven im Reich der Finsternis sein.

Die Erlösung wurde einzig und allein durch das Blut Jesu Christi möglich. Christus erlöste uns vom Fluch des Gesetzes, wie es in Galater 3,13a heißt: *"Christus hat uns losgekauft von dem Fluch des Gesetzes, indem er ein Fluch für uns geworden ist."* In Kolosser 1,13-14 steht: *"Er hat uns gerettet aus der Macht der Finsternis und versetzt in das Reich des Sohnes seiner Liebe. In ihm haben wir die Erlösung, die Vergebung der Sünden."* Gewaltig, was Gott uns anbietet!

Paulus sagt: *"Denn einer ist Gott, und einer ist Mittler zwischen Gott und Menschen, der Mensch Christus Jesus, der sich selbst als Lösegeld für alle gab."* (1. Timotheus 2,5-6). Das "Lösegeld" wird bezahlt, um etwas oder jemanden wiederzubekommen oder zu erlösen. Dem Menschen ist es unmöglich, sich selbst aus der Sklaverei der Sünde und Satans freizukaufen. Unsere einzige Hoffnung ist, dass Gott uns freikauft. Und das hat Er getan. 1. Petrus 1,18-19 erzählt uns von einem Preis, der für unsere Freiheit bezahlt wurde. In 1.Korinther 6,20 steht: *"Denn ihr seid um einen Preis erkauft worden. Verherrlicht nun Gott mit eurem Leib!"* Dieser Preis oder dieses Lösegeld, das bezahlt wurde, damit wir frei sein können, war Jesus Christus. Christus selbst sagte, dass Er gekommen sei *"sein Leben zu geben als Lösegeld für viele"* (Matthäus 20,28). Aber Er sagt uns auch, dass wir nicht mit vergänglichen Dingen erkauft wurden, wie Silber oder Gold, *"..., sondern mit dem kostbaren Blut Christi als eines Lammes ohne Fehler und ohne Flecken"* (1. Petrus 1,19). Das ist die frohe Botschaft, das Evangelium, das wir glauben sollen.

Der rettende Glaube oder der Glaube an das Evangelium ist nicht nur ein einfaches Wissen oder ein intellektuelles Zustimmen; es ist natürlich ein bestimmtes Wissen erforderlich, zum Beispiel das Wissen, wer Christus ist und was Er getan hat (Römer 10,14), aber wenn das nicht durch den Heiligen Geist offenbart wird und wenn es ohne die Zutat des Glaubens geschieht, dann rettet es niemanden. Wir werden sehen, was der Glaube wirklich ist.

Das hebräische Wort für Glauben ist das Wort "emunah" (Strong #530) und kommt von der Wurzel "aman" (Strong #539) und bedeutet etwas Sicheres, Etabliertes, Zuverlässiges, etwas, dem wir vertrauen und an das wir als die Wahrheit glauben können. Dieser Glaube ist gebunden an das Wort Gottes. "Emunah" ist eine Überzeugung und eine Wahrnehmung der Wahrheit, die den Verstand übersteigt.

Gemäß dem hebräischen Denken bedeutet der Glaube, mein Leben an das zu hängen, was ich glaube, dem gehorsam zu sein, was ich glaube, sprechen, handeln und leben gemäß dem, was ich glaube. Infolgedessen zeigen und bestätigen meine täglichen Werke meinen Glauben (Jakobus 2,14-24). Jemand hat Glauben, wenn

_____

_____

In der Bibel steht, dass auch die Dämonen glauben und zittern (Jakobus 2,19). Aber wenn jemand Glauben hat, dann sollte er nicht nur an etwas glauben, sondern sein Handeln auf diesen Glauben aufbauen. Er erkennt und bekennt die Herrschaft Christi über sich, erklärt, dass Jesus Christus der Herr seines Lebens ist und dass er Ihm erlaubt, sein Leben zu regieren. Er ordnet sich Ihm freiwillig unter und ist Ihm gehorsam. In Römer 10,9-10 steht: *"dass, wenn du mit deinem Mund Jesus als Herrn bekennen und in deinem Herzen glauben wirst, dass Gott ihn aus den Toten auferweckt hat, du gerettet werden wirst. Denn mit dem Herzen wird geglaubt zur Gerechtigkeit, und mit dem Mund wird bekannt zum Heil."*

Wenn Sie sich nicht sicher sind, ob Sie wirklich ein Sohn Gottes sind, dann beten Sie das folgende Gebet:

Himmlischer Vater, ich erkenne, dass ich ein Sünder bin, ich habe mein Leben bisher ohne dich gelebt. Meine Sünde trennt mich von dir. Ich glaube, dass Jesus für mich starb und dass du Ihn von den Toten auferweckt hast. Ich bitte dich um Vergebung und tue Buße von allen meinen Sünden. Ich kündige jeden Bund mit dieser Welt, mit dem Fleisch und dem Teufel. Ich mache einen neuen Bund mit dir, Jesus. Von jetzt an bist du mein Herr und mein Retter. Ich gebe dir mein Leben. Bitte komm in mein Leben und verändere mein Herz. Fülle mich mit dem Heiligen Geist und mit deiner Kraft. Lass dein Reich in meinem Leben sichtbar werden. Wenn ich heute sterben würde, dann weiß ich, dass ich in deinen Armen wäre, wenn ich meine Augen aufmache.

2. Der Teil Gottes

Wir tun unseren Teil, tun Buße und glauben an das Evangelium. Gott tut Seinen Teil und erklärt uns für gerechtfertigt und bewirkt das Wunder von geistlichem Leben in uns.

a. Die Rechtfertigung

Die Rechtfertigung erfolgt, wenn Gott jemanden als unschuldig erklärt, weil dieser seinen Glauben in das erlösende Werk Jesu Christi gesetzt hat. Die Rechtfertigung ist ein Rechtsbeschluss Gottes, durch den Er uns als völlig gerecht erklärt, ohne Makel und unschuldig vor den Anforderungen Seines Gesetzes (Römer 3,21-26).

Jemand ist gerechtfertigt, wenn _____

_____

Bei unserer Rechtfertigung geschieht folgendes: Der Ankläger (Teufel) erklärt den Sünder für schuldig. Der Anwalt (Jesus) sagt: Ich bezahle für die Schuld des Angeklagten mit meinem sündlosen Leben und sterbe stellvertretend für den Sünder. Der Richter (Gott) nimmt die Bezahlung des Anwalts an. Er lässt das Todesurteil den eigentlich sündlosen Anwalt (Jesus) treffen und erklärt damit den Angeklagten rechtmäßig für frei. Das Gesetz und der Ankläger können jetzt nichts mehr einfordern, weil das Urteil vollstreckt wurde.

Der Angeklagte ist frei von aller Schuld und wird ordnungsgemäß wieder in die Stellung eines Unschuldigen versetzt.

In Römer 5,18-19 steht: *"Wie es nun durch eine Übertretung für alle Menschen zur Verdammnis kam, so auch durch eine Gerechtigkeit für alle Menschen zur Rechtfertigung des Lebens. Denn wie durch des einen Menschen Ungehorsam die vielen in die Stellung von Sündern versetzt worden sind, so werden auch durch den Gehorsam des einen die vielen in die Stellung von Gerechten versetzt werden."*

b. Geistliches Leben

Der Heilige Geist überführt den Menschen von der Sünde und seinem Zustand der Verlorenheit. Der Sünder reagiert auf den Ruf Gottes und Gott tut etwas Übernatürliches im Leben dieser Person: Er gibt ihr geistliches Leben. Dieses Werk ist auch als neue Geburt bekannt, vom Geist geboren werden oder als Sohn Gottes gezeugt werden (Johannes 3,7-8; 1. Petrus 1,3; Epheser 2,5; 2. Korinther 5,17; Johannes 1,12-13).

Dieses neue Leben im Geist ist ein gewaltiges und kostbares Geschenk Gottes. In Epheser 2,8-9 steht: *"Denn aus Gnade seid ihr gerettet durch Glauben, und das nicht aus euch, Gottes Gabe ist es, nicht aus Werken, damit niemand sich rühme."*

Das ist der Beginn eines Lebens voller neuer Gefühle und Übernatürlichkeit. Jetzt entdecken wir alles, was Gott in Christus für uns vorbereitet hat.

Christus gewann durch seinen Tod und seine Auferstehung für uns unsere Position als Seine Kinder zurück. Jetzt genießen wir die göttliche Vaterschaft und die Segnungen, die für die Söhne und Töchter sind. Wie im Natürlichen auch, sind es die Söhne und Töchter, die Zugang zum Essen und zu anderen Dingen haben, die der Vater besitzt.

Tag für Tag können wir uns nun an den Tisch des himmlischen Vaters setzen, weil wir rechtmäßige Söhne sind. Gemäß Kolosser 2,13-14 gab es einen Schuldschein (eine Anklageschrift, ein Schuldverzeichnis, wo alle unsere Sünden aufgeschrieben waren) gegen uns, aber Christus hat ihn vernichtet. Er hat dem Schuldschein ein Ende gesetzt, indem Er ihn ans Kreuz nagelte.

Gemäß Kolosser 2,13-14 hat Christus folgendes für uns getan: _____

_____

Jetzt haben wir einen Erlass zu unseren Gunsten: Wir sind Kinder Gottes. Jetzt haben wir eine himmlische Vaterschaft mit allen Rechten und Pflichten.

In Galater 4,4-7 steht: *"Als aber die Fülle der Zeit kam, sandte Gott seinen Sohn, geboren von einer Frau, geboren unter dem Gesetz, damit er die loskaufte, die unter dem Gesetz waren, damit wir die Sohnschaft empfingen. Weil ihr aber Söhne seid, sandte Gott den Geist seines Sohnes in unsere Herzen, der da ruft: Abba, Vater! Also bist du nicht mehr Sklave, sondern Sohn; wenn aber Sohn, so auch Erbe durch Gott."*

Lesen Sie die eben erwähnten Verse und schreiben Sie vier grundlegende Wahrheiten auf, die dort erwähnt werden:

_____

_____

_____

B. Wie wir wissen, dass wir Söhne sind

Wir können wissen, ob wir Söhne Gottes sind oder nicht. Die Bibel nennt uns einige deutliche und sichtbare Beweise, dass eine Person von neuem geboren wurde.

Im Allgemeinen sagt uns unser natürlicher Vater, dass er unser Vater ist. Außer dass wir es ihm glauben, bestätigt etwas in unserem Inneren, dass er wirklich unser Vater ist. Es gibt eine einzigartige Verbindung mit ihm.

Genauso können wir wissen, dass Gott unser Vater ist und wir Seine Söhne sind.

1. Durch die Offenbarung der Schrift

Das Wort Gottes offenbart uns, ob wir Söhne Gottes sind. Im Wort Gottes lesen wir auch, welches unser Teil und welches Gottes Teil ist, um ein Sohn Gottes zu werden. Wir tun Buße und bekennen, dass Christus unser einziger Erlöser und Herr ist. Gott erfüllt Seinen Teil, indem Er uns geistliches Leben gibt und uns in eine rechtlich richtige und gerechte Stellung vor Ihm bringt.

Es ist sehr wichtig, das Wort Gottes zu diesem Thema zu kennen, um stark zu sein und dem Feind entgegentreten zu können, der uns angreifen will in unserer Identität als Kinder Gottes.

2. Durch das Zeugnis des Geistes

Der Heilige Geist bezeugt unserem Geist und lässt uns wissen, dass wir Kinder Gottes sind (Römer 8,16).

3. Durch Glauben

Wir müssen glauben, dass Jesus Christus gestorben und auferstanden ist, uns vergeben hat und dass wir durch Gnade, mittels Glauben an das, was Er für uns getan hat, gerettet wurden. Er hat uns erkauft aus der Finsternis und uns in das Reich des Lichts versetzt (Galater 3,26).

Das ist keine Sache von Gefühlen. Es ist nicht wichtig, ob wir uns als Kinder Gottes fühlen oder nicht. Wir sind Seine Kinder und können die Rechte beanspruchen, die wir als Seine Kinder haben: Gerechtigkeit, Befreiung, Gesundheit, Wohlstand, Autorität, Freude, Frieden, usw.

4. Durch Merkmale, die der neuen Geburt folgen

Wir können wissen, ob wir Söhne Gottes und von neuem geboren sind. Wie ein gesunder Baum gesunde Früchte trägt, genauso beginnt eine von neuem geborene Person "gute Früchte" zu tragen. Die Bibel bietet Beweise, durch die wir wissen können, ob wir echte Kinder Gottes sind oder nicht.

Einige Merkmale, die der neuen Geburt folgen, sind:

a. Das lieben, was Gott liebt und das verabscheuen, was Gott verabscheut

Die Kinder Gottes lieben die Dinge, die ihr Vater liebt und verabscheuen die Dinge, die Er verabscheut. Diese Liebe und dieser Hass sind Beweise für einen Sohn / Tochter Gottes. Somit, *"wenn jemand die Welt liebt, ist die Liebe des Vaters nicht in ihm"* (1. Johannes 2,15b).

Ein Kind Gottes trennt sich von allem, was in Galater 5,18-21 als Werk des Fleisches beschrieben wird. Es sollte vielmehr die Frucht des Geistes zeigen. Diese ist: Liebe, Freude, Friede, Geduld, Güte, Freundlichkeit, Glaube, Sanftmut und Enthaltsamkeit (Galater 5,22-23). Vor allem in widrigen Umständen kommt das ans Licht, was in ihm ist und zeigt in welchem Bereich Veränderung und Wachstum notwendig sind.

b. Leben unter der Leitung des Heiligen Geistes

In Römer 8,14 steht: *"Denn so viele durch den Geist Gottes geleitet werden, die sind Söhne Gottes."* Ein Sohn Gottes sucht den Willen Gottes, um Ihm in allem gehorsam zu sein.

c. Gerechtigkeit tun

In 1. Johannes 2,29 steht: *"Jeder, der die Gerechtigkeit tut, ist aus ihm geboren."* Die Gerechtigkeit Christi, die den Menschen gegeben wurde, zeigt sich in einem gerechten Leben. Wer gerecht ist, offenbart das nach außen (Matthäus 5,14-16), tut das Rechte und das, was Gott gefällt, und ist der Sünde gestorben (Römer 6,2).

d. Sieg über die Sünde

In 1. Johannes 3,9 steht: *"Jeder, der aus Gott geboren ist, tut nicht Sünde."* Die Bibel spricht von den Schwächen des Fleisches, aber sie akzeptiert keine Entschuldigungen, was das mutwillige Sündigen und das Leben in der Sünde betrifft (Römer 8,1; Epheser 2,1-13; Titus 3,3-7; 1. Johannes 1,5-7; Hebräer 10,26-27). In Galater 5,24 steht: *"Die aber dem Christus Jesus angehören, haben das Fleisch samt den Leidenschaften und Begierden gekreuzigt."* Wenn ein Sohn Gottes in Sünde fällt, und ihm bewusst wird, dass er gesündigt hat, tut er Buße und bekennt diese Sünde (Psalm 32,2; Römer 4,7-8).

In 1. Johannes 5,4 steht: *"Denn alles, was aus Gott geboren ist, überwindet die Welt."* In 1. Johannes 5,18 steht: *"Wir wissen, dass jeder, der aus Gott geboren ist, nicht sündigt; sondern der aus Gott Geborene bewahrt ihn, und der Böse tastet ihn nicht an."*

e. Gehorsam

In 1. Johannes 2,3 steht: *"Und hieran erkennen wir, dass wir ihn erkannt haben; wenn wir seine Gebote halten."* Jesus Christus sagte zu seinen Jüngern: *"Ihr seid meine Freunde, wenn ihr tut, was ich euch gebiete"* (Johannes 15,14).

f. Liebe

In 1. Johannes 4,7-8 steht: *"Geliebte, lasst uns einander lieben! Denn die Liebe ist aus Gott; und jeder, der liebt, ist aus Gott geboren und erkennt Gott. Wer nicht liebt, hat Gott nicht erkannt, denn Gott ist Liebe."* Jeder, der von neuem geboren ist, liebt Gott, aber er liebt auch seinen Bruder. In 1. Johannes 4,20 steht: *"Wenn jemand sagt: Ich liebe Gott, und hasst seinen Bruder, ist er ein Lügner. Denn wer seinen Bruder nicht liebt, den er gesehen hat, kann nicht Gott lieben, den er nicht gesehen hat."*

g. Glaube und Werke

In Johannes 1,12 steht: *"So viele ihn aber aufnahmen, denen gab er das Recht, Kinder Gottes zu werden, denen, die an seinen Namen glauben."* Alle, die von ganzem Herzen glauben, dass Jesus der Messias, der Gesalbte, der von Gott zu unserer Rettung Gesandte ist, sind aus Gott geboren (1. Johannes 5,1). Der Sohn Gottes wird durch den Glauben an das abgeschlossene Werk Jesu von neuem geboren und wandelt durch den Glauben in seinem täglichen Leben und manifestiert die Werke, die Gott bereits vorbereitet hat. Jakobus 2,24 bezieht sich auf Menschen, die sagen sie haben Glauben, aber ihr Leben diesen Glauben nicht praktisch zeigt. Ihr Glaube wird nicht von Werken begleitet. Diese Art von "Glauben" ist unnütz. Die Dämonen glauben ebenfalls, dass es einen wahren Gott gibt und zittern (Jakobus 2,19). Der Glaube zur Rettung hat Werke. Bei einer Person, die von neuem geboren wurde, gibt es eine sichtbare Veränderung.

Man kann wissen, dass jemand ein Sohn Gottes ist, wenn _____

_____

_____

_____

C. Wie wir zu erwachsenen Söhnen werden

Um Sohn Gottes zu werden, müssen wir nur Buße tun und glauben. Aus Gnade durch den Glauben empfangen wir die Erlösung und werden zu Söhnen Gottes. Aber, um ein erwachsener Sohn zu werden und das Erbe antreten zu können, müssen wir im Gehorsam leben und heranreifen.

Ein persönliches Beispiel: Ich habe nichts dazu beigetragen, um eine Tochter meines natürlichen Vaters zu werden, aber damit er mir einen Teil meines Erbes geben konnte, musste ich erwachsen werden. Als er sah, wie ich erwachsen wurde, lernte mit Geld umzugehen und eine klare Vision hatte, gab er mir das Geld, das uns noch fehlte, um ein Haus zu kaufen. Er wusste, dass ich das Geld nicht verschwenden würde.

Wenn der himmlische Vater sieht, dass wir im Kleinen treu sind, vertraut Er uns mehr an. Es ist wichtig, dass wir ein Leben der Verbindlichkeit, der Heiligkeit und in Disziplin führen, dass wir die Prüfungen, Züchtigungen und Zurechtweisungen aushalten. Gott behandelt ein geistliches Baby anders, als eine geistlich erwachsene Person. Wenn ich von zu Hause weggelaufen wäre, weil ich mich über meinen Vater geärgert hätte als er mich zurechtwies, hätte er mir nie das Geld gegeben, um ein Haus zu kaufen.

Es gibt drei sehr wichtige Dinge, um ein erwachsener Sohn zu werden:

- Gehorsam - das schließt auch ein Leben in Heiligkeit und ein Leben in Gemeinschaft mit Gott ein (Hebräer 5,8)
- Die Prüfungen siegreich bestehen (Jakobus 1,2-4,12)
- Die Disziplin und die Zurechtweisungen aushalten (Hebräer 12,5-8)

Sind Sie bereit für diesen Reifeprozess, um ein erwachsener Sohn zu werden?

Sind Sie bereit, sich die Bereiche, in denen es Ihnen an Reife mangelt, vorzunehmen und nicht wegzulaufen, wenn es Schwierigkeiten gibt, und sich nicht zurückzuziehen, wenn Sie korrigiert werden? _____

Sie bereiten sich darauf vor, Teil einer Armee von erwachsenen und tapferen Söhnen zu sein, die Gott gebrauchen wird, um Sein Königreich auszubreiten und die übernatürliche Kraft Gottes zu manifestieren.

D. Eigenschaften eines Sohnes

Es reicht nicht aus, Jesus Christus mental zu bejahen und ein Übergabegebet nachzusprechen; es ist notwendig, Seinen Geist in uns zu haben und Sein Wesen zu manifestieren.

Die Merkmale eines Sohnes mit *"dem Geist Seines Sohnes"* (Galater 4,4-7) sind:

- Es ist ein „IST"-Zustand (man muss nichts tun, um ein Sohn zu SEIN). Man muss keine Werke tun, um ein Sohn Gottes zu werden.
- Er manifestiert genau dieselbe DNA und dieselbe Denkweise des Vaters.
- Er kennt seine Position, seine Rechte und Pflichten. Zum Beispiel: _____
- Er erkennt, dass er vom Vater abhängig ist. Er bleibt in ständiger Gemeinschaft mit dem Vater. Jesus sagte, dass Er das tat, was Er den Vater tun sah. Genauso sollen wir _____

  _____

- Er ist unter der Autorität des Vaters. Der Sohn ordnet sich unter und ist gehorsam.
- Er lebt in Einheit mit dem Vater, um Ihm zu gefallen.
- Er hat dasselbe Ziel und dieselbe Vision wie der Vater. Zum Beispiel: _____
- Er ist der verlängerte Arm seines Vaters, um Sein Reich auszubreiten und Seine Herrschaft zu demonstrieren.
- Er trägt das Anliegen des Vaters, nämlich: _____
- Er ist Erbe dessen, was der Vater besitzt. Zum Beispiel: _____

Wenn wir die eben genannten Merkmale bedenken, warum musste Gott Vater Seinen Sohn schicken, um uns zu erlösen (und nicht einen Engel oder eine andere Person)? _____

_____

Um sicherzustellen, dass die Erlösung und der Weg zu Gott, dem Vater, richtig repräsentiert werden würde, sandte Gott keinen Engel, sondern Seinen Sohn Jesus, weil Jesus Seine DNA besaß und Ihn auf der Erde richtig vertreten konnte. Es war der Sohn, der den Vater kannte und genau das tat, was der Vater wollte und nicht nach Seinem eigenen Plan handelte.

Schreiben Sie jetzt einige Ihrer Merkmale als Sohn / Tochter des himmlischen Vaters in eigenen Worten auf (Beachten Sie dabei die zuvor genannten Merkmale eines Sohnes): _____

_____

_____

_____

Warum will Gott der Vater uns als Seine Söhne, und warum reicht es Ihm nicht aus, dass wir "Christen" sind? (Beantworten Sie diese Frage mit Hilfe der zuvor genannten Merkmale eines Sohnes): _____

_____

_____

_____

_____

Bibelvers zum Merken:

"Er kam in das Seine, und die Seinen nahmen ihn nicht an; so viele ihn aber aufnahmen, denen gab er das Recht, Kinder Gottes zu werden, denen, die an seinen Namen glauben; die nicht aus Geblüt, auch nicht aus dem Willen des Fleisches, auch nicht aus dem Willen des Mannes, sondern aus Gott geboren sind." Johannes 1,11-13

Lektion 6

IV. DIE PRIVILEGIEN EINES SOHNES

Die Offenbarung unserer privilegierten Position als Sohn / Tochter des himmlischen Vaters befreit uns von Ablehnung und Minderwertigkeit, führt uns in eine neue Dimension des Wohlergehens und bringt uns in unsere von Gott beabsichtigte Bestimmung hinein.

Wir alle sind Geschöpfe Gottes (Jesaja 64,8). Wir kommen von Gott, aber die Sünde hat uns von Ihm getrennt. Christus hat es durch Seinen Tod und Seine Auferstehung möglich gemacht, dass wir unsere Position der Sohnschaft wiedererlangen können. Alle, die Buße tun und Jesus Christus als ihren Herrn und Retter annehmen, werden aus Gnade durch den Glauben zu Kindern Gottes.

In Johannes 1,12-13 steht: *"...so viele ihn aber aufnahmen, denen gab er das Recht, Kinder Gottes zu werden, denen, die an seinen Namen glauben; die nicht aus Geblüt, auch nicht aus dem Willen des Fleisches, auch nicht aus dem Willen des Mannes, sondern aus Gott geboren sind."*

Wie im Natürlichen auch, sind es die Söhne, die Zugang zum Essen und den anderen Dingen des Vaters haben. Es sind die Söhne, die eine besondere Stellung im Haus genießen, es sind die Söhne, die den Schutz und die Versorgung von Seiten des Vaters genießen. Die Söhne genießen diese Privilegien, aber nicht die Fremden oder die Angestellten.

Der himmlische Vater liebt jeden Sohn so wie er ist, und macht keine Ausnahmen. Er freut sich sehr über jeden Seiner Söhne und Töchter.

Ein Sohn Gottes kommt in den Genuss folgender Segnungen und Privilegien:

A. Zugang zum Reichtum des Vaters

Es gibt Dinge, die sind nur für Söhne bestimmt. In einem Zuhause sind es die Söhne, die in den Genuss von Privilegien kommen. Der Gärtner oder die Angestellte kommen nicht in den Genuss derselben Segnungen. Söhne haben zum Beispiel die Erlaubnis, den Kühlschrank zu öffnen, wann immer sie wollen, und sich etwas zu essen zu nehmen. Die Angestellte oder der Gärtner haben diese Erlaubnis nicht.

Wir müssen glauben, dass wir Söhne Gottes sind. Wir haben freien Zugang zum Thron der Gnade (Hebräer 4,16). Manche Menschen sind in ihrem Leben schon einmal von nahestehenden Personen abgelehnt worden, darum fällt es ihnen schwer, sich dem himmlischen Vater zu nähern. Aber der himmlische Vater freut sich, wenn wir kommen und heißt uns willkommen. Für Ihn sind wir sehr wichtig und Er will unser Bestes. Der Segen ein Sohn zu sein ist, dass wir von unserem himmlischen Vater alles bekommen, was wir für uns brauchen und, um andere zu segnen (Lukas 15,31).

Wir sind Bürger des Himmels und sind als Botschafter hier auf diese Erde gesetzt worden (2. Korinther 5,20; Philipper 3,20). Wir repräsentieren das Reich Gottes hier auf Erden. Wir befinden uns hier auf der Erde mit einem Auftrag des Himmels. Um diesen Auftrag als Botschafter zu erfüllen, stehen uns auch die Mittel des Himmels zur Verfügung. Das Einkommen des Botschafters richtet sich nicht nach dem Land, wo er sich als Botschafter befindet, sondern nach dem Einkommen von der Regierung, die ihn ausgesandt hat. Botschafter des Himmels leben nach der wirtschaftlichen Situation des Himmels. Auch steht das Militär des Landes von dem er gesandt und eingesetzt wurde, dem Botschafter zur Verfügung, um seinen Auftrag auszuführen. Der Reichtum des Himmels steht den Kindern Gottes zur Verfügung, um _____

_____

Jesus wusste, wer Ihn mit einem ganz bestimmten Auftrag auf diese Erde gesandt hatte und dass Ihm die Mittel des Himmels zur Verfügung standen. Deswegen konnte Er auch ein sorgenloses Leben leben und fordert auch uns auf, sorgenlos zu leben (Matthäus 6,16-33).

Vielleicht haben wir keinen Zugang zum Büro des Präsidenten, aber wir haben Zugang zum Thron der Gnade. Wir sind Bürger des Himmels und haben Zugang zu den Mitteln des Himmels. Gott ist unser Vater und wir haben das Vorrecht, Ihn und Sein Reich hier auf der Erde zu repräsentieren.

B. Eine erhabene und privilegierte Stellung

Die höchste Stellung jedes Gläubigen ist die Stellung eines Sohnes / Tochter Gottes. Sohn / Tochter zu sein ist ein „SEIN"-Zustand. Bei Gott beginnt alles mit einem Zustand des "SEINS".

Die höchste Stellung eines Gläubigen ist _____

_____

In der Welt ist es genau umgekehrt: Man tut, um zu sein. Die Menschen tun viele Dinge, um anderen zu gefallen und um jemand zu sein. Sie suchen ihre Identität im Sport, in Bildung, im Dienst, in Freundschaften und in anderen Dingen. Sie müssen beweisen, dass sie jemand sind.

Aber im Reich Gottes ist es so: In dem Moment, in dem jemand von neuem geboren wird, wird er ein Sohn Gottes. Alles im Reich Gottes beginnt mit dem SEIN. Ich bin ein Sohn, darum tue ich etwas. Weil ich ein Sohn bin, rede ich mit meinem Vater; ich bin Sohn, darum ehre ich meinen Vater; ich bin Sohn, darum gehorche ich meinem Vater. Ich tue das alles nicht, um ein Sohn zu werden.

Das erste was wir wissen müssen ist, wer wir in Christus sind. Wenn wir das nicht wissen, sind wir immer auf der Suche nach unserer Identität.

Wir sind Söhne Gottes, Er selbst ist unser Vater. Unser Vater ist nicht irgendjemand. Er ist Gott, der Allmächtige, der Höchste, der Schöpfer von allem was lebt ist unser Vater. Stellen wir uns jetzt einmal vor, der Sohn einer außergewöhnlichen Person von sehr hohem Rang zu sein. Wie wäre unser Leben als Sohn dieser Person? _____

_____

Aber wir sind Söhne von jemandem, der noch viel vollkommener, besser, mächtiger und reicher ist.

Im Reich Gottes wird alles aus einer bestimmten Position heraus getan. Diese Position ist nicht physisch, sondern geistlich. In Epheser 2,6 lesen wir: *"Er hat uns mitauferweckt und mitsitzen lassen in der Himmelswelt in Christus Jesus."* Unsere Position ist in _____

_____

Die Söhne Gottes sind Könige, die mit Christus an himmlischen Orten regieren (1. Petrus 2,9). Sie wissen, dass ihnen Autorität über den Feind und alles, was vom Feind kommt, übertragen wurde.

Jesus hatte eine enge Beziehung mit Seinem Vater und handelte als Sohn. Als sich ein Kranker näherte, sagte Er nicht: "Ok, ich werde beten: Herr, wenn es dein Wille ist, dann heile bitte diesen Menschen." Nein, er deklarierte: "Sei gesund!", "Sei frei!", usw.

Jesus kannte Seine Position als Sohn. Er ist der Sohn des allmächtigen und übernatürlichen Gottes, nicht nur der Sohn von Josef und Maria. Von dieser Position als Sohn, die ein geistlicher Ort ist, handelte Er, bewegte Er sich, offenbarte Er die Kraft Gottes, heilte, befreite, sprach und deklarierte Er.

Und welche Position haben wir (Galater 4,4-7)? _____

_____

Johannes 1,12-13 zeigt uns folgendes auf (lesen Sie auch dazu Galater 4,4-7 und Johannes 20,17): _____

_____

_____

Lassen Sie uns einige Beispiele anschauen, wie Jesus von dieser erhabenen Position als Sohn handelte. Erklären Sie kurz:

Matthäus 8,3 _____

Matthäus 8,26-27 _____

Markus 5,41-42 _____

Wie sollten wir uns in der Position als Sohn Gottes verhalten, wenn man uns einen Kranken bringt? _____

_____

Es macht einen großen Unterschied, ob der Präsident etwas deklariert oder ob ein gewöhnlicher Bürger das tut. Jesus, als Sohn Gottes der höchsten Autorität, sprach nicht wie ein gewöhnlicher Bürger. Er sprach vom höchsten Ort aus, als Sohn Gottes. Er kannte seine Position als Sohn.

Wir, in unserer Position als Söhne Gottes, können genauso handeln wie Jesus handelte. Wenn wir von unserer Position als Söhne her sprechen, wissen wir, dass das, was wir sagen, geschehen wird. Wir sprechen zu den Hindernissen und sie weichen. Als Söhne verkünden wir den Willen des Vaters und führen ihn aus. Wir sind keine Bettler oder Fremde, sondern Söhne.

Wir sind Brüder von Jesus Christus. Nach dem Tod und der Auferstehung von Christus ist Er nicht mehr der eingeborene Sohn Gottes, sondern der Erstgeborene unter vielen Brüdern (Römer 8,29). Christus ist nicht mehr der einzige Sohn Gottes, sondern _____

_____

Jesus war der verlängerte Arm Gottes, des „ICH BIN". Er kam als Sohn und Er führte Seinen Dienst in Seiner Identität als Sohn aus.

Die Grundlagen Seines Dienstes waren:

1. Seine Identität: das war Seine Position im Geist als Sohn

2. Seine Beziehung zum Vater: Gebet, Gehorsam, Gemeinschaft, usw.

Genau wie Jesus sollten auch wir unseren Dienst auf diesen zwei Grundlagen ausführen, nämlich:

1. _____

2. _____

Die höchste Stellung eines jeden Gläubigen ist die Stellung als Sohn Gottes. Da, wo sich die Söhne Gottes offenbaren und die übernatürliche Kraft Gottes manifestieren, muss die Finsternis weichen.

C. Identität und Bestimmung

Es gibt viele Männer und Frauen die sich als Waisen fühlen, sowohl zu Hause als auch im Dienst. Es gibt Menschen, die nie einen Vater hatten und andere, die einen hatten, der aber kein gutes Vorbild für sie war. Vielleicht gab er ihnen keine Liebe, keine Bestätigung, keinen Schutz oder keine Unterweisung. Wenn diese Menschen keine innere Heilung und Wiederherstellung durch Gottes Vaterliebe erleben, können sie in den allermeisten Fällen selbst keine guten Söhne / Töchter und später auch keine guten Väter / Mütter sein. Diese Menschen suchen nämlich ihre Identität außerhalb, und dabei versorgt sie der Feind mit Dingen, die sie zerstören und die nicht zulassen, dass sie Fortschritte machen und in ihrer von Gott beabsichtigten Bestimmung leben. Wegen fehlender Vaterschaft werden manche Menschen homosexuell, andere nehmen Drogen oder Alkohol, andere suchen ihre Identität bei Menschen, in der Arbeit, im Beruf, im Dienst, usw. Jedes Kind braucht Bestätigung von einem Vater und dass man ihm sagt, wer es in Gott ist.

Der Vater gibt die Identität. Die Mutter nährt die Identität. Als Kinder Gottes haben wir das Privileg einen Vater zu haben, der uns Identität gibt, uns bestätigt und uns in unsere Bestimmung hineinbringt.

Wenn wir die Offenbarung unserer Sohnschaft haben, wissen wir, dass wir als Söhne dieselben Rechte, Privilegien und dieselbe Autorität haben wie jeder andere Sohn auch, und deswegen sind wir frei von jeglichem Neid, Konkurrenz und Unsicherheit. Dann wird auch unwichtig, welchen Status unsere natürlichen Eltern haben, denn wichtiger ist nun unsere Identität als Kinder Gottes. Was nun zählt, ist unser geistlicher Status.

Ohne die Offenbarung über unsere Sohnschaft hatten wir keine Identität und kannten nicht unsere Bestimmung, aber jetzt können wir mit voller Überzeugung sagen: "Ich bin Sohn / Tochter, meine Identität ist in Gott, meinem Vater. Meine Identität beruht nicht auf meinem Besitztum oder meinen Fähigkeiten."

Diese Offenbarung befreit uns von jedem Minderwertigkeitsgefühl. Es spielt keine Rolle, ob wir groß oder klein sind, ob wir Paraguayer, Deutsche oder Italiener sind; das einzige was zählt ist, dass wir Söhne und Töchter Gottes sind.

D. Familie

Wenn wir von neuem geboren werden, werden wir Teil einer geistlichen Familie. Gottes Plan ist es, dass jeder Mensch Teil einer Familie ist, wo er Annahme, Liebe, Gemeinschaft, Erziehung, Halt, Rat, Freude, usw. findet. Die Verwaisung, das Gefühl allein und verlassen zu sein, endet, wenn man ein Sohn Gottes wird, denn Gott ist nun unser Vater und hat uns eine geistliche Familie gegeben. Gott hat uns ein Zuhause gegeben (Psalm 68,67a).

E. Schutz

Der Schutz des himmlischen Vaters gibt uns Sicherheit und Abdeckung. Wenn wir beim Vater sind, fühlen wir uns beschützt und gut versorgt (Psalm 91,1-7). Unser Leben ist verborgen in den Armen unseres liebenden himmlischen Vaters. Wir können bei Ihm Zuflucht finden, wenn andere uns hintergehen und verletzen. In Seinen Armen finden wir Annahme, Liebe, Erleichterung und Heilung.

F. Erbe

In Galater 4,7 steht: *"Also bist du nicht mehr Sklave, sondern Sohn; wenn aber Sohn, so auch Erbe durch Gott."*

Die Söhne sind die Erben. Wenn jemand Güter und Reichtümer besitzt, dann werden das einmal die Söhne erben, nicht die Angestellten oder Nachbarn.

Der Sohn kennt die Vision seines Vaters. Er wird die Dinge so machen, dass sie seinem Vater gefallen, weil er dieselbe Denkweise und DNA wie sein Vater hat. Gerne wird der Vater ihm das Erbe übertragen, damit er es verwaltet und vermehrt.

G. Das Königreich manifestieren

Es sind nicht die Diener, nicht die Gläubigen, sondern die Söhne mit der DNA des himmlischen Vaters, die die übernatürliche Kraft Gottes in dieser Generation freisetzen.

In der heutigen Zeit, in der es so viel Zerstörung, Chaos, Verzweiflung usw. gibt, ist es so notwendig, dass die Kinder Gottes sich in der übernatürlichen Dimension bewegen (Römer 8,19). Es gibt viele kranke Menschen, die in ihren Herzen schreien: Wo sind die Söhne Gottes, die die Heilung und die Antwort auf meine Probleme bringen?

In Römer 8,19 steht: *"Denn das sehnsüchtige Harren der Schöpfung wartet auf die _____ der _____ Gottes."* Gemäß diesem Vers gibt es einen Schrei der Schöpfung nach _____

_____

Der himmlische Vater hat uns mit einer sehr wichtigen Aufgabe auf diese Erde gesandt. Der Vater sehnt sich danach, dass wir Sein verlängerter Arm auf dieser Erde sind. Mit demselben Geist und derselben DNA unseres himmlischen Vaters manifestieren wir Seine übernatürliche Kraft und breiten das Königreich Gottes aus.

Die Privilegien eines Sohnes / Tochter Gottes sind folgende: _____

_____

_____

Dies ist die Zeit der Wiederherstellung der Vaterschaft. Geistliche Väter, die auch gleichzeitig Söhne sind, sind wie ein verlängerter Arm vom himmlischen Vater hier auf der Erde. Sie bringen die Christen in eine enge Beziehung zum Vater im Himmel, rüsten sie aus, trainieren sie und setzen die Bestimmung Gottes in ihrem Leben frei. Dort, wo es Söhne Gottes gibt, wird das Übernatürliche sichtbar. Die Söhne haben das Recht, das

Reich der Finsternis zu vertreiben und das Königreich Gottes aufzurichten. Das menschliche Können und die Wissenschaft haben ihre Grenzen, aber die Söhne sprengen die Grenzen des bisher Unmöglichen.

Beten Sie mit mir zusammen:

Himmlischer Vater, ich bekenne, dass Jesus Christus mein Retter und Herr ist. Ich bin mit Christus versetzt an himmlische Orte und von dieser Position als Sohn tue ich das, was du mir sagst. Als dein Sohn bin ich ein Botschafter deines Königreichs hier auf der Erde. Ich bin nicht mehr durch die natürlichen Begrenzungen gebunden, sondern bewege mich in der übernatürlichen Kraft Gottes. Ich predige das Evangelium, heile die Kranken, befreie die Gefangenen und treibe Dämonen aus.

Ich weiß, dass du mir das geben wirst was ich brauche, damit ich dein Werk tue und deinen Willen erfülle. Ich werde gesegnet sein und werde vielen anderen etwas geben können. Ich bitte dich um Vergebung für die vielen Male, in denen ich mir Sorgen gemacht und dir nicht vertraut habe. Jetzt entscheide ich mich, nur dir allein zu vertrauen. Ich werde voller Zuversicht leben, ohne Ängste, denn ich weiß, an wen ich glaube und wer mein Papa ist. Du kümmerst dich um mich und beschützt mich. Unter deiner Bedeckung und deinem Schutz fühle ich mich so sicher. In Prüfungen bleibe ich nahe bei dir und entferne mich nicht von dir.

Heute deklariere ich, dass du, Gott, mein Vater, meine Versorgungsquelle bist. Ich bin abhängig von dir, Papa, und mir wird nichts Gutes mangeln. Mein Wohlstand kommt von dir. Ich bringe hundertfach Frucht, und Gnade und Barmherzigkeit werden mir folgen und mich erreichen.

> **Bibelvers zum Merken:**
>
> *"Und der HERR wird dich zum Haupt machen und nicht zum Schwanz, und du wirst nur immer aufwärtssteigen und nicht hinuntersinken, wenn du den Geboten des HERRN, deines Gottes, gehorchst, die zu bewahren und zu tun ich dir heute befehle."* 5. Mose 28,13

Lektion 7
V. DIE BEZIEHUNG ZWISCHEN VATER UND SOHN

"Papa, ich genieße es bei dir zu sein." Diesen Satz sage ich ganz oft aus der Tiefe meines Herzens zu meinem himmlischen Vater. Wie schön ist es doch, Zeit mit dem Papa zu verbringen! Wenn ich mit Ihm zusammen bin, spüre ich so viel Frieden, so viel Liebe, fühle ich mich angenommen und glücklich.

A. Der Sohn genießt die Gemeinschaft mit dem Vater

Ein persönliches Beispiel: Kürzlich fragte mich eines unserer Kinder: „Wann kommt Papa?" Ich antwortete: „In den nächsten zwei Stunden. Brauchst du etwas von ihm?" Es antwortete mir: „Nein, ich will nur, dass er bei mir ist."

Genauso ist es mit unserem himmlischen Vater. Wir genießen es, mit Ihm zusammen zu sein. In Seiner Gegenwart fühlen wir uns sicher, geliebt, erfüllt und glücklich. In Seiner Nähe genießen wir das Leben und können sagen: „Das Leben ist schön".

Das Gute bei unserem himmlischen Vater ist, dass wir nicht auf Ihn warten müssen, Er ist immer da und wartet schon auf uns. Immer und jederzeit hat Er Zeit, um uns Seine ungeteilte Aufmerksamkeit zu schenken. Er ist da mit offenen Armen und wir können jederzeit, so wie wir sind, zu Ihm hingehen.

Wir können das Leben zusammen mit dem himmlischen Vater genießen, weil _____

_____

Für Mose war es normal mit Gott von Angesicht zu Angesicht zu sprechen; für den Rest der Israeliten war das jedoch nicht der Fall (4. Mose 12,7-8). David war ebenfalls ein Mann, der ein Verlangen nach Gemeinschaft mit Gott im Herzen hatte. Er war ein leidenschaftlicher Anbeter Gottes. Eine seiner ersten Amtshandlungen war es, die Bundeslade, die manifeste Gegenwart Gottes, nach Jerusalem zu bringen (2. Samuel 6,1). Die Bibel beschreibt ihn als einen Mann nach dem Herzen Gottes (1. Samuel 13,14). Auch Paulus besaß eine Leidenschaft für Gott. Ihm war es ein Anliegen, nicht nur ein intellektuelles Wissen über Gott zu haben, sondern Ihn zu erfahren (Philipper 3,10; Epheser 3,19).

Durch das Blut Jesu haben wir Zugang in Gottes Gegenwart. Als Jesus am Kreuz starb, zerriss der Vorhang im Tempel von oben nach unten und der Zugang ins Allerheiligste, die Gegenwart Gottes, wurde für uns geöffnet (Matthäus 27,50-51; Hebräer 10,19-20). In dieser Gemeinschaft mit dem Vater machen wir uns eins mit Seinen Plänen, Seiner Vision und Seinem Sieg. Wir genießen diese erfüllende und perfekte Einheit mit Seinem Herzen.

B. Der Vater genießt die Gemeinschaft mit dem Sohn

Ein persönliches Beispiel: Meine Eltern leben ungefähr 300 km von uns entfernt. Immer wenn wir sie besuchen, haben wir die Angewohnheit früh am Morgen Zeit miteinander zu verbringen und Mate-Tee zu trinken. Es ist eine schöne Zeit, in der wir es genießen, mit meinen Eltern zusammen zu sein. Und sie genießen es mit uns. Das ist die Zeit, in der wir über Themen sprechen, über die wir sonst nicht reden. Das ist die Zeit des Friedens, der Liebe und Annahme von ihnen. Ich spüre, wie auch meine Eltern denken: „Es ist schön, wenn sie bei uns sind. Wir lieben sie. Wir sind sehr stolz auf sie." Und wenn wir wieder nach Hause fahren müssen, sagen sie uns: „Könnt ihr nicht noch bleiben? Wie schade, dass ihr schon gehen müsst."

Wenn mein irdischer Vater diese Zeit mit mir zusammen genießt, wieviel mehr mein himmlischer Vater. Er sehnt sich danach, mit Seinen Kindern zusammen zu sein. Und wenn wir bei Ihm sind und schon wieder gehen wollen, sagt Er: „Bleib noch ein wenig bei mir, denn ich genieße die Zeit mit dir." Wie schön ist es zu wissen, dass Er so mit uns spricht. Er sagt nie genervt zu uns: „Was willst du denn schon wieder von mir? Ich habe jetzt keine Zeit." Nein, Er sagt: „Komm, geliebter Sohn / geliebte Tochter. Ich freue mich, wenn du kommst. Ich habe schon auf dich gewartet. Es gibt so vieles, was ich dir erzählen und geben möchte."

In Psalm 27,10 lesen wir: „Sogar mein Vater und meine Mutter haben mich verlassen, aber der HERR nimmt mich auf."

Mein himmlischer Papa ist nicht mit Menschen vergleichbar. Er ist viel mehr und viel besser als alles, was wir uns jemals vorstellen könnten.

Ein persönliches Beispiel: Als ich jung war, studierte ich in einer anderen Stadt, weit weg von meinen Eltern. Ich konnte nur in den Ferien nach Hause kommen. Gerade als die Ferien begannen, fing es an stark zu regnen. Es waren Erdwege und wenn es regnete, fuhr kein einziger Bus. Ein Drittel der Ferien verstrich und es hörte nicht auf zu regnen. Also schickte mein Papa zusammen mit einem anderen Papa ein Sportflugzeug, um uns nach Hause zu holen. Bestimmt mussten sie einen hohen Preis dafür bezahlen. Er wollte, dass ich bei ihm zu Hause war. Wenn schon ein irdischer Vater es sich so sehr wünscht, dass seine Tochter bei ihm zu Hause ist, wieviel mehr unser himmlischer Vater!

Der himmlische Vater genießt es, mit uns zusammen zu sein und sagt uns: _____

_____

_____

_____

C. Die Kraftquelle der Gemeinschaft mit dem Vater

Ein persönliches Beispiel: Ich erinnere mich an eine Studentin, die eines Tages auffallend fröhlicher als sonst war. Die anderen Studenten fragten sich: "Was ist mit ihr passiert? Letzte Woche schien sie noch müde und traurig zu sein und jetzt sieht sie ganz anders aus." Ein wenig später kam sie auf mich zu und erzählte mir voller Begeisterung: „Mein Papa hat mich gestern besucht und er ist den ganzen Nachmittag bei mir geblieben." Ahh, jetzt wusste ich das Geheimnis ihrer Fröhlichkeit: Sie war mit ihrem Papa zusammen gewesen und sie hatten eine schöne Zeit miteinander verbracht.

Wenn es einen Menschen so positiv beeinflussen kann, mit seinem irdischen Papa zusammen zu sein, wieviel mehr, wenn wir mit unserem himmlischen Vater zusammen sind. Denn unser himmlischer Vater ist ein vollkommener Vater, in allem. In Ihm haben wir alles, was wir brauchen für Geist, Seele und Körper. Wenn wir mit Ihm zusammen sind, genießen wir Seine Gegenwart und Seine Worte der Liebe. Das gibt uns Freude und neue Kraft, um vorwärtszugehen. In Seiner Gegenwart wird jedes Bedürfnis erfüllt. Hunger und Durst nach Gott und Seiner Gegenwart aktivieren Seine Versorgung und übernatürliches Eingreifen in unserer Situation. Wo kein Bedarf und kein Verlangen nach Gott und Seinem Eingreifen ist, manifestiert Er sich auch nicht (Jakobus 4,8; Psalm 34,4+11; Jesaja 30,19; 2. Chronik 31,21). Wir müssen uns unserer Bedürftigkeit nach Gott, unserem Vater, bewusst sein.

Welch ein Vorrecht ist es, dass wir einen Papa haben. Wenn ich mit meinem himmlischen Vater zusammen bin, empfange ich: _____

_____

Gott ist überall, aber Er manifestiert sich nicht überall. Er zeigt sich dort, wo Er willkommen ist und wo sich Menschen in einer innigen Beziehung zu Ihm befinden. Wir wurden geschaffen, um in Gottes Gegenwart zu leben. Seine Gegenwart ist der „Lebensraum", in dem wir uns gesund entwickeln können und wo es uns wohl geht an Geist, Seele und Leib. Immer, wenn wir uns aus Seiner Gegenwart wegbewegen, haben wir Mangel. Der Lebensraum eines Fisches ist das Wasser. Nimmt man ihn aus dem Wasser heraus, stirbt er. Genauso ist es mit uns Menschen: außerhalb unseres Lebensraumes, die Gegenwart Gottes, erleben wir einen „Sterbeprozess". Die innige Gemeinschaft mit dem Vater bewirkt Leben, und Leben im Überfluss. Seine Kraft fließt zu uns. Sie setzt eine himmlische Atmosphäre in uns und um uns herum frei. Wir erleben, dass die wunderbaren Eigenschaften des Vaters sich auf uns übertragen. Das, womit wir Gemeinschaft haben und womit wir übereinstimmen, wird zu unserer Realität. Wir sind irdische „Gefäße", auserwählt, um Seine Kraft und Herrlichkeit auf der Erde zu manifestieren.

D. Auferbauende Kommunikation

Wenn ich mit meinem himmlischen Papa zusammen bin, redet Er mit mir und ich mit Ihm. Die Gespräche mit Papa bauen uns auf. Aus der Tiefe unseres Herzens können wir Ihm sagen was wir denken, fühlen und uns wünschen. Der himmlische Vater hört uns zu und spricht zu uns mit so viel Liebe und Annahme. Er versteht uns und lehnt uns nicht ab, obwohl wir nicht vollkommen sind. Er liebt uns so, wie wir sind. Wenn wir mit Ihm sprechen, gibt Er uns Rat und unsere Gedanken richten sich an Seinen Gedanken aus. Wir fangen an, das Richtige vom Falschen zu unterscheiden und können uns von den Lügen befreien, die es in unserem Verstand gibt.

In Johannes 10,27 sagt Jesus: *"Meine Schafe hören meine Stimme."*, und so ist es auch: Wenn wir unseren Vater kennen und mit Ihm zusammen sind, können wir Seine Stimme hören.

Jesus sagt, dass Er das redete, was Er Seinen Vater reden hörte, und das tat, was Er Seinen Vater tun sah. Und vom Vater heißt es in Johannes 5,20: *"Denn der Vater hat den Sohn lieb und zeigt ihm alles, was er selbst tut; und er wird ihm größere Werke als diese zeigen, damit ihr euch wundert."* Und genau dieselbe Beziehung und Kommunikation möchte der himmlische Vater mit uns haben. Wie wunderbar!

Genauso wie Jesus reden auch wir das, was _____

Und wir tun das, was _____

Wenn wir Zeit in Seiner Gegenwart verbringen und die Gemeinschaft mit unserem himmlischen Vater genießen, empfangen wir Weisheit und Offenbarungen, um richtige Entscheidungen zu treffen und Seinen Willen zu tun. Wir können dann im Glauben empfangen, deklarieren und uns freuen auf die sichtbaren Manifestationen Seiner Verheißungen.

Beten Sie mit mir zusammen:

Vater, im Namen Jesu bete ich, dass jetzt jede tote Struktur und jede Kette von toter Religion und alles, was meine Leidenschaft für dich und deine Gegenwart geraubt hat, von mir entfernt wird. Ich bete für geöffnete Augen, damit ich die Wahrheit erkenne und ich in eine innige tiefe Beziehung zu dir kommen kann.

Vater, danke, dass du immer Zeit für mich hast. Es spielt keine Rolle wie es mir geht; ich kann mich dir nähern und du hörst mich und sprichst mit mir. Deine Arme sind immer offen für mich, und wenn ich bei dir bin sagst du: „Bleib bei mir." Ich höre von dir nie vorwurfsvolle, ärgerliche, hasserfüllte oder abweisende Worte. Du hörst mir mit so viel Liebe, Annahme, Mitgefühl und Geduld zu.

Wo du bist, will auch ich sein. Ich genieße es, in deiner Gegenwart zu sein. Hier im Verborgenen, bei dir, offenbarst du mir deine Pläne für mich, gibst du mir ermutigende Worte und alles, was ich brauche. Danke, mein lieber Papa.

Wenn ich in deinen Armen bin und dir zuhöre, weichen die Gefühle der Ablehnung, des Verlassenseins und des geringen Selbstwertes. Ich fühle mich so sicher und geschützt von dir. Danke für dieses Vorrecht, dass ich dein Kind sein darf und täglich mit dir zusammen sein kann.

E. Die Beziehung zwischen Jesus und Seinem Vater

Jesus selbst dient uns als Beispiel für die Beziehung eines Sohnes zum himmlischen Vater. Lesen Sie die folgenden Verse und beschreiben Sie die Beziehung von Jesus als Sohn mit Seinem Vater. Schreiben Sie auf, was wir aus dieser Beziehung lernen können.

- *"Und der mich gesandt hat, ist mit mir; er hat mich nicht allein gelassen, weil ich allezeit das ihm Wohlgefällige tue."* Johannes 8,29
- *"Und siehe, eine Stimme kommt aus den Himmeln, welche spricht: Dieser ist mein geliebter Sohn, an dem ich Wohlgefallen gefunden habe."* Matthäus 3,17
- *"Da antwortete Jesus und sprach zu ihnen: Wahrlich, wahrlich, ich sage euch: Der Sohn kann nichts von sich selbst tun, außer was er den Vater tun sieht; denn was der tut, das tut ebenso auch der Sohn. Denn der Vater hat den Sohn lieb und zeigt ihm alles, was er selbst tut."* Johannes 5,19-20
- *"Wenn ich sie aber tue, so glaubt den Werken, wenn ihr auch mir nicht glaubt, damit ihr erkennt und versteht, dass der Vater in mir ist und ich in dem Vater!"* Johannes 10,38
- *"Ich und der Vater sind eins."* Johannes 10,30
- *"Alles, was der Vater hat, ist mein."* Johannes 16,15
- Jesus sonderte Zeit ab, um Seine Beziehung mit Seinem Vater zu pflegen, weit weg von den Menschenmengen und seinen eigenen Jüngern. Die Bibel erwähnt, dass Er Zeit am "Morgen" absonderte (Markus 1,35) und auch am "Abend" (Markus 6,46-47). Wir lesen auch, dass Er alleine Zeit mit Seinem Vater verbrachte (Lukas 5,15-16) und sogar „während der ganzen Nacht" mit Ihm zusammen war (Lukas 6,12).
- *"Und ihr habt ihn nicht erkannt, ich aber kenne ihn; und wenn ich sagte: Ich kenne ihn nicht, so würde ich euch gleich sein: ein Lügner. Aber ich kenne ihn, und ich bewahre sein Wort."* Johannes 8,55
- *"Und er sprach zu ihnen: Was ist der Grund dafür, dass ihr mich gesucht habt? Wusstet ihr nicht, dass ich in dem sein muss, was meines Vaters ist?"* Lukas 2,49
- *"Und (er) lernte, obwohl er Sohn war, an dem, was er litt, den Gehorsam; und vollendet ist er allen, die ihm gehorchen, der Urheber ewigen Heils geworden."* Hebräer 5,8-9
- *"Ich kann nichts von mir selbst tun; so wie ich höre, richte ich, und mein Gericht ist gerecht, denn ich suche nicht meinen Willen, sondern den Willen dessen, der mich gesandt hat."* Johannes 5,30 (auch Johannes 6,38-39 und Johannes 4,34)

Beschreiben Sie kurz die Beziehung zwischen Jesus, dem Sohn, und Gott, Seinem Vater:

1. _____
2. _____
3. _____
4. _____
5. _____
6. _____
7. _____
8. _____

Folgendes können wir daraus lernen und anwenden: _____

_____

_____

Das anhaltende Gebetsleben von Jesus setzte die Autorität und Kraft in Seinem Leben frei, um Menschen zu befreien, Kranke zu heilen und Wunder zu tun. Er verbrachte Stunden inniger Vertrautheit und Gemeinschaft mit dem Vater, und wenn Er dann zu den Bedürftigen ging, konnte Er in Sekunden heilen und befreien. Jesus sagte dann zum Beispiel nur: „Sei geheilt!". Und der Kranke war geheilt. Er sagte zum Beispiel nur (Lukas 5,13+24; Lukas 8,54; Johannes 5,8-9): _____

_____

_____

_____

Bibelvers zum Merken:

"Wahrlich, wahrlich, ich sage euch: Der Sohn kann nichts von sich selbst tun, außer was er den Vater tun sieht; denn was der tut, das tut ebenso auch der Sohn." Johannes 5,19

Lektion 8
VI. DIE POTENZIELLE MACHT DER EHRE

Gott selbst erwartet von uns, Ihn zu ehren. Wenn wir das lieben, was Er liebt, ehren wir Ihn. Gott als unser Vater weiß, was zu unserem Besten dient. Er möchte, dass es uns in allem gut geht und Er möchte uns vor negativen Folgen bewahren.

"Denn die mich ehren, werde auch ich ehren, und die mich verachten, sollen wieder verachtet werden." 1.Samuel 2,30b

"Die Ehre, dem die Ehre gebührt!" Römer 13,7

"Ehre den HERRN mit deinem Besitz, mit den Erstlingen all deines Ertrages! Dann füllen deine Speicher sich mit Vorrat, und von Most fließen über deine Keltern." Sprüche 3,9-10

"Ehre deinen Vater und deine Mutter (...), damit es dir wohl ergehe und du lange lebst auf der Erde." Epheser 6,1-3; 2. Mose 20,12

Nennen Sie die Belohnungen dafür, Gott zu ehren, gemäß den oben genannten Versen: _____

_____

_____

A. Was bedeutet Ehre?

Das Wort Gottes lehrt uns: *„Ehre deinen Vater und deine Mutter, wie der HERR, dein Gott, es dir geboten hat, damit deine Tage lange währen und damit es dir gut geht in dem Land, das der HERR, dein Gott, dir gibt!"* 5.Mose 6,18; 2. Mose 20,12

Ehren bedeutet: wertschätzen, achten, Aufmerksamkeit schenken, loben, erheben, Anerkennung geben, Respekt erweisen.

Gemäß diesem Bibelvers sollen wir unsere Eltern ehren, indem wir _____

_____

_____

Die Ehre ist eine freiwillige Entscheidung, die im Herzen getroffen wird. In Jesaja 29,13 lesen wir: *„Und der Herr hat gesprochen: Weil dieses Volk mit seinem Mund sich naht und mit seinen Lippen mich ehrt, aber sein Herz fern von mir hält und ihre Furcht vor mir nur angelerntes Menschengebot ist (...)."* Ehren bedeutet, nicht nur schöne Worte zu machen. Die Ehre muss aus dem Herzen kommen und mit Taten untermauert werden.

Wir sollen nicht nur mit Worten ehren, sondern _____

_____

Das Gegenteil von ehren ist: geringschätzen, herabwürdigen, beschämen, entehren, diskreditieren, kritisieren, degradieren, demütigen, verachten.

B. Wie entehren oder verachten wir Gott, den Vater?

"Verachten" heißt auf Hebräisch "baza" und bedeutet: geringschätzen, ablehnen, wenig Wert beimessen, weniger von jemandem halten als er verdient, respektlos sein, vergessen, ausschließen, lächerlich machen, verspotten, zur Seite schieben. Wir entehren Gott, wenn wir:

1. Das Wort Gottes verachten

Wir verachten das Wort Gottes zum Beispiel, wenn wir der Bibel wenig Wert beimessen, sie geringschätzen und deswegen auch wenig darin lesen, um unsere Gedanken damit zu füllen. Wir verachten das Wort Gottes ebenfalls, wenn wir nicht tun, was wir darin lesen. Wenn wir nicht voll vom Wort Gottes sind, kann der Feind uns in jedem Bereich, wo wir Mangel an offenbarter Erkenntnis haben, zerstören.

In 4. Mose 15,31 steht: *"Denn das Wort des HERRN hat sie verachtet und sein Gebot aufgehoben; diese Person soll unbedingt ausgerottet werden: ihre Schuld ist auf ihr."*

Das, was die oben genannte Person mit dem Wort Gottes gemacht hat, war (verwenden Sie die Bedeutung von verachten):_____

_____

Die Konsequenz war: _____

_____

2. Falsche Opfer bringen

In 1. Chronik 16,9-10 steht: *"Gebt dem HERRN die Ehre seines Namens! Bringt Speisopfer und kommt vor sein Angesicht! Betet den HERRN an in heiliger Pracht."*

Wenn wir Opfer bringen, tun wir Gott damit keinen Gefallen. Alles gehört Ihm: unser Haus, unser Auto, unsere Familie, unser Geld und unser Leben. Er ist der Besitzer und wir sind Verwalter. Er ist so großzügig, dass Er das, was Sein ist, uns anvertraut, damit wir es "meins" nennen können. Wenn wir opfern, tun wir nicht mehr, als dem Herrn einen kleinen Teil des Vielen zurückzugeben, was Er uns gegeben hat.

Opfern ist eine weitere Form, wie wir unsere Hingabe an Gott ausdrücken können. Beim Opfern geht es nicht nur darum, dass die Kosten einer lokalen Gemeinde gedeckt werden. Wie wir mit Geld umgehen zeigt, was unsere Prioritäten sind. Wir geben unser Geld für das aus, was uns interessiert, was wir lieben oder für wichtig halten. Wenn Gott und Sein Königreich in unserem Leben eine Priorität sind, werden wir auch dafür Geld geben.

Maleachi 1,6-8 erzählt uns, dass Gott sagt: *"Ein Sohn ehrt den Vater und ein Knecht seinen Herrn. Wenn ich nun Vater bin, wo ist meine Ehre? Und wenn ich Herr bin, wo ist meine Furcht?, spricht der HERR der Heerscharen zu euch, ihr Priester, die ihr meinen Namen verachtet. Doch ihr sagt: "Womit haben wir deinen Namen verachtet?" Ihr, die ihr unreine Speise auf meinem Altar darbringt. Doch ihr sagt: "Womit haben wir dich unrein gemacht?" Indem ihr sagt: Der Tisch des HERRN, den kann man verachten. Auch wenn ihr Blindes darbringt, um es als Opfer zu schlachten, ist es für euch nichts Böses; und wenn ihr Lahmes und Krankes darbringt, ist es für euch nichts Böses. Bring es doch deinem Statthalter! Wird er Gefallen an dir haben oder dein Angesicht erheben?, spricht der HERR der Heerscharen."*

Im Vers 8 sehen wir, dass Gott sagt: "Sie haben meinen Namen verachtet, indem sie kranke Tiere und unreines Brot geopfert haben." Das entehrt Gott.

Nennen Sie Beispiele für Opfer, die Gott nicht gefallen: (1. Korinther 16,2; 2. Korinther 9,7; Matthäus 5,23+24; Lukas 21,3-4; 2. Mose 25,2; 1. Chronik 29,9) _____

_____

_____

3. Nicht dankbar sein

Das Volk Gottes beklagte sich über das Essen, das Gott vom Himmel schickte. In 4. Mose 11,20 steht: „ ..., *sondern einen ganzen Monat, bis es euch zur Nase herauskommt und es euch zum Ekel wird, weil ihr den HERRN, der in eurer Mitte ist, verworfen und vor ihm geweint und gesagt habt: ‚Warum nur sind wir aus Ägypten ausgezogen?'.*"

Wir sollten das, was Gott uns gibt, nie geringschätzen. Wir sind und haben all das Gute, was wir haben, dank Ihm. Ohne Ihn würden wir nicht leben und nichts haben.

Die Anweisung von Paulus ist einfach und direkt: Sagt Dank in allem. Es gibt keinen Grund, der Undankbarkeit rechtfertigt (Epheser 5,20).

"Und alles, was ihr tut, im Wort oder im Werk, alles tut im Namen des Herrn Jesus, und sagt Gott, dem Vater, Dank durch ihn!" Kolosser 3,17

Nennen Sie ein paar Beispiele, wodurch wir unseren himmlischen Vater entehren oder geringschätzen: ___

_____

_____

_____

4. Wenn wir sündigen

Die Sünde entehrt Gott. David verachtete beispielsweise Gott, indem er sich die Frau eines anderen nahm. In 2. Samuel 12,10 steht: *"Nun denn, so soll das Schwert von deinem Haus auf ewig nicht weichen, dafür, dass du mich verachtet und die Frau Urias, des Hetiters, genommen hast, damit sie deine Frau sei."*

Nennen Sie ein weiteres konkretes Beispiel für Sünde, die Gott entehrt: _____

_____

_____

_____

5. Diener Gottes geringschätzen

Wenn wir die Diener Gottes (Apostel, Propheten, Lehrer, Evangelisten, Pastoren) verachten oder geringschätzen, entehrt das den himmlischen Vater ebenfalls.

"Aber sie verhöhnten die Boten Gottes und verachteten seine Worte und verspotteten seine Propheten, bis der Zorn des HERRN gegen sein Volk so stieg, dass es keine Heilung mehr gab." 2. Chronik 36,16

"Die Ältesten, die gut vorstehen, sollen doppelter Ehre gewürdigt werden, besonders die in Wort und Lehre arbeiten." 1. Timotheus 5,17

Eine Tat der Ehre gegenüber dem Wort Gottes und denen, die das Wort Gottes predigen, könnte sein: ___

_____

Wenn derjenige geehrt wird, der das Wort Gottes predigt oder lehrt, werden die Kraft Gottes und Wunder freigesetzt. Jesus konnte in seiner Heimat nicht viele Wunder tun, weil sie Ihn nicht ehrten und folglich keine Wunder von Ihm erwarteten. Jesus konnte in seiner Heimatstadt nicht viele _____ tun, weil sie Ihn nur als den Sohn des Zimmermanns sahen und deswegen keinen Glauben für Wunder hatten (Matthäus 13,55-59).

Wenn eine Person eine hohe Erwartungshaltung hat und glaubt, dass er durch den Diener Gottes etwas empfangen wird, wird er auch etwas empfangen.

Lesen Sie 2. Könige 4,8-10 (Elisa und die unfruchtbare Frau) und beschreiben Sie, wie die erwiesene Ehre ein Wunder freisetzte: _____

_____

_____

Matthäus 10,41-42 lehrt uns: _____

6. Andere Personen im Herzen verachten

In 2. Samuel 6,16 und in 1. Chronik 15,29 steht, dass Michal sah, wie König David sprang und tanzte und ihn dafür in ihrem Herzen verachtete. Dafür konnte Michal keine Kinder bekommen und blieb unfruchtbar.

David sagte zu ihr: „Du sagst zwar, dass ich für das Volk tanze, aber ich mache das für Gott."
Mirjam redete gegen Mose und wurde aussätzig wie Schnee. (4. Mose 12,1+8-10)
Jemanden in seinem Herzen verachten bedeutet: _____

_____

_____

C. Wie ehren wir unseren himmlischen Vater?

Gott wünscht sich Verehrung, die aus unserem tiefsten Herzen kommt. Es reicht nicht aus, Gott äußerlich zu ehren (Jesaja 29,13; Matthäus 5-7). Alles was wir tun, sollen wir so tun, dass es Ihm Ehre bereitet (1.Korinther 10,31). Wir können Gott ehren:

1. Mit unserem Mund

Einige Beispiele dafür sind:

- Lobpreis: _"Wer Dank opfert, verherrlicht mich."_ (Psalm 50,23) Lobpreis ist die Proklamation der großen und machtvollen Taten Gottes.
- Anbetung. In der Anbetung wird Gott "gekrönt". Der Mittelpunkt in der Anbetung ist Sein Wesen, wie Er ist und was Ihm gefällt und es geht nicht um das, was wir fühlen oder wollen. In der Anbetung wird Seine Gegenwart freigesetzt. (Offenbarung 4,10-11)
- Dankbarkeit. Wir danken Gott für alles, was Er für uns ist und was Er für uns getan hat. Wir drücken unsere Dankbarkeit zu Ihm aus, weil wir wissen, dass alles, was wir sind und haben, von Ihm kommt.
- Alles wertschätzen, was von Gott kommt.
- Eine Sprache des Respekts, der Dankbarkeit und des Lobs verwenden.

Ich kann zum Beispiel folgendes sagen: _____

_____

_____

2. Mit unserem Gehorsam

Wir gehorchen Ihm mit dem Wunsch, Ihm zu gefallen und weil wir Ihn liebhaben. Wir gehorchen Ihm nicht aus Angst vor Strafe oder um Ihn gut zu stimmen.

Wir gehorchen Ihm inmitten der Krise (2. Korinther 9,13; 4. Mose 15,31). Wir gehorchen Ihm auch dann, wenn _____

3. Wenn wir uns für Seine Anliegen interessieren

Wir ehren den himmlischen Vater, wenn Seine Anliegen auch unsere Anliegen sind (Matthäus 6,33; Matthäus 28,19-20; Markus 12,29-31).

Was für unseren himmlischen Vater wichtig ist, ist: _____

_____

_____

_____

4. Mit unserem Besitz / Finanzen

Wir ehren Gott, wenn wir Ihm das Beste geben. Es ehrt Ihn, wenn wir freiwillig, aus Liebe zu Ihm und mit freudigem Herzen Finanzen geben. Wir geben von allem, was wir bekommen, den Zehnten zurück. Wir geben dorthin, wofür das Herz Gottes „schlägt" und „säen" in fruchtbaren Boden (z.B. um das Volk Israel zu segnen; dort, wo Finanzen gezielt eingesetzt werden für die Errettung und Zurüstung von Menschen fürs Reich Gottes usw.)

"Ehre den HERRN mit deinem Besitz, mit den Erstlingen all deines Ertrages! Dann füllen deine Speicher sich mit Vorrat." Sprüche 3,9-10

"Gebt dem HERRN die Ehre seines Namens! Bringt Opfer und kommt in seine Vorhöfe!" Psalm 96,8 (auch 1.Chronik 16,29; Sprüche 3,9; 2. Korinther 8,7; 9,7)

5. Indem wir Jesus dienen

Unsere Ehre und Liebe zum Vater bringen wir freiwillig aus unserem Innersten heraus zum Ausdruck. Entzündet von Seinem Feuer und Leidenschaft bewegen wir uns in Seinen vorbereiteten Werken. Er hat Seinen Lebensatem in uns deponiert, damit wir Seine Kraft und Gegenwart hier und jetzt manifestieren. Um Ihm zu dienen, müssen wir die Grenzen der Bequemlichkeit, Faulheit und des Verstandes überschreiten. Als neutestamentlich Gläubige lehren, leben und demonstrieren wir die Kraft des Reiches Gottes.

In Johannes 12,26 steht: *"Wenn mir jemand dient, so folge er mir nach! Und wo ich bin, da wird auch mein Diener sein. Wenn mir jemand dient, so wird der Vater ihn ehren."* Das kann zum Beispiel sein: _____

_____

Wir dienen Jesus nicht mit der Motivation andere Menschen zu beeindrucken, Lob zu bekommen, einen Lohn dafür zu bekommen, aus Schuldgefühlen oder aus Druck, sondern wir dienen Ihm mit Freude und mit unserem ganzen Herzen. Wir dienen Jesus, wenn wir uns in dem bewegen, was Er uns vorlebte und wozu Er uns beauftragt hat: Das Evangelium des Reiches Gottes predigen, lehren, Kranke heilen, Dämonen austreiben und Tote auferwecken (Markus 16,15-18; Matthäus 10,7-8).

Lektion 9
VII. DER GEISTLICHE VATER
A. Beschreibung des geistlichen Vaters

Ein geistlicher Vater ist jemand, der sein Leben, seine Gaben, seine Fähigkeiten, sein Geld und seine Mittel in andere Männer und Frauen investiert. Er befreit und heilt sie mit der übernatürlichen Kraft Gottes, verleiht ihrem Leben Wert und Bedeutung, bringt sie in eine Position als Söhne und Töchter, lehrt, trainiert, aktiviert ihre Gaben, korrigiert und leitet sie, damit sie in ihre gottgegebene Bestimmung und Berufung hineinkommen.

Die Salbung, die auf einem geistlichen Vater ist, ist die Befähigung von Gott, Sein Werk hier auf Erden auszuführen und, um geistliche Söhne und Töchter in ihre gottgegebene Bestimmung hineinzuführen und sie darin freizusetzen. Als apostolischer Visionär vermittelt er die Vision, Strategie und Salbung zur Ausführung an seine geistlichen Kinder. Der geistliche Vater erkennt die Gaben und Berufungen seiner Kinder, lehrt sie, rüstet sie zu und aktiviert sie in ihrer gottgegebenen Bestimmung.

Geistliche Vaterschaft ist etwas Geistliches und hängt nicht vom biologischen Alter einer Person ab. Ein geistlicher Vater ist vielmehr jemand, der selber durch einen geistlichen Reifeprozess gegangen ist und nun in der Lage ist, andere in die Reife zu führen. In 1. Korinther 4,14-17 schreibt Paulus: *"Nicht um euch zu beschämen schreibe ich dies, sondern ich ermahne euch als* _____. *Denn wenn ihr zehntausend Zuchtmeister in Christus hättet, so doch nicht viele* _____; *denn in Christus Jesus habe ich euch gezeugt durch das Evangelium. Ich bitte euch nun, seid meine Nachahmer! Deshalb habe ich euch Timotheus gesandt, der mein geliebtes und treues* _____ *im Herrn ist; der wird euch erinnern an meine Wege in Christus, wie ich überall in jeder Gemeinde lehre."*

In diesen Versen sehen wir folgendes in Bezug auf geistliche Vaterschaft: _____

_____

Ein geistlicher Vater ist weit mehr als ein Berater, Seelsorger, Leiter, Betreuer oder Lehrer. Es handelt sich um Weitergabe und Freisetzung von Dingen geistlicher und übernatürlicher Natur. (siehe 4. Mose 11,25: Der Herr nahm von dem Geist, der in Mose war, und legte ihn in siebzig Männer, die mit ihm leiten sollten, und sie fingen an zu weissagen.)

Paulus hatte mehrere geistliche Söhne, aber der bekannteste war wahrscheinlich Timotheus. Er begann zwei seiner Briefe damit, ihn als sein Kind zu grüßen (1. Timotheus 1,2 und 2. Timotheus 1,2). In 1. Timotheus sprach Paulus mit ihm darüber, dass er das von ihm angefangene Werk weiterführen sollte. Bevor Paulus Timotheus aussandte, hatte er Zeit investiert, um ihn für den Dienst auszurüsten. Auch nach der Aussendung begleitete Paulus, als geistlicher Vater, seinen geistlichen Sohn Timotheus. Der Kern eines apostolischen Dienstes ist ein väterliches Herz. Ein deutliches Beispiel für ein väterliches apostolisches Herz sind der Apostel Paulus und der Apostel Johannes (siehe 2. Korinther 11,28; 1., 2. und 3. Johannesbrief).

Folgendes macht einen geistlichen Vater aus: _____

_____

_____

Einige Merkmale eines geistlichen Vaters:

- Sie bringen ihre geistlichen Kinder in eine engere Beziehung zum himmlischen Vater.
- Sie befreien ihre Kinder vom Waisengeist und bringen sie in die Position von „Sohnschaft".
- Sie geben die Salbung und alles was Gott in sie hineingelegt hat an die Kinder weiter, damit auch diese in der übernatürlichen Dimension leben.
- Sie sind Vorbild. Ein echter geistlicher Vater lebt was er lehrt (1. Korinther 4,16; 1. Thessalonicher 1,6).
- Sie lieben ihre Kinder und möchten sehen, dass es ihnen gut geht (1. Thessalonicher 2; 3. Johannes 4; 1. Timotheus 1,4).
- Sie zeugen geistliche Kinder und führen sie in die Reife (Galater 4,19; 1. Korinther 4,14).
- Sie sind fürsorglich und bereit Zeit, Finanzen und Einschränkungen auf sich zu nehmen (2. Korinther 4,12).
- Sie geben barmherzige und väterliche Ermahnungen (1.Timotheus 1,6; 2,1-3; 4,1-2).

B. Auswirkungen einer apostolischen Vaterschaft in der Gemeinde

Es gibt Gemeinden, die wie gestörte Familien ohne Vaterschaft sind. Kinder versuchen zu bestimmen und ihre Meinung durchzusetzen und es herrschen Unsicherheit und Orientierungslosigkeit. Andere Gemeinden gleichen eher Familien mit strengen Regeln, die vorgeben wie man zu denken, zu fühlen und zu handeln hat. Das geschieht, weil die Gemeinde, die geistliche Familie, nicht von einem apostolischen, geistlichen Vater geleitet wird. Ein apostolischer, geistlicher Vater schafft eine gesunde Familienatmosphäre und bringt Identität, Ordnung und Vision für die Gemeinde. Wir können beobachten, wie Gemeinden, die einen apostolischen, geistlichen Vater haben, wachsen, reifen und sich in einer göttlichen Struktur und Dimension bewegen.

Einige Merkmale von Gemeinden unter einem apostolischen geistlichen Vater sind:

- Sie haben eine globale Vision (Matthäus 28,18-20; Markus 16,15; Apostelgeschichte 1,8).
- Sie haben Leidenschaft für Vermehrung und Expansion.
- Es ist ein kontinuierliches Wachstum.
- Die Autorität und Macht des Reiches Gottes wird sichtbar manifestiert. Sie durchbrechen die Mauern der Eingrenzungen vom Feind.
- Die einzelnen Gläubigen kommen in ihre von Gott gegebene Berufung.
- Nicht nur der Leiter, sondern jedes Kind Gottes wird befähigt, das Evangelium zu predigen mit anschließenden Zeichen und Wundern, Kranke zu heilen und Dämonen auszutreiben.

C. Das Fehlen geistlicher Vaterschaft

Nicht nur in der Welt gibt es Waisen, sondern auch in der Familie Gottes. Es gibt viele Männer und Frauen, die sich als Waisen fühlen, sowohl zu Hause als auch im Dienst. Wir brauchen nicht nur Berater und Lehrer, wir brauchen Väter (1. Korinther 4,14-17). Wir brauchen vor allen Dingen apostolische Väter, die den Söhnen und Töchtern Identität geben, sie freisetzen in ihrer Berufung, wertvolle Vernetzungen innerhalb des Reiches Gottes schaffen und sie befähigen, sich in der übernatürlichen Dimension zu bewegen. Geistliche Väter befähigen ihre Kinder „neues Land" einzunehmen und es zu verwalten.

1. Folgen von fehlender Vaterschaft

Dort, wo die von Gott geplante Vaterschaft nicht erlebt wird, gibt es, genau wie im Natürlichen, auch auf dem geistlichen Gebiet große Defizite und Fehlentwicklungen.

Einige Folgen von fehlender Vaterschaft sind:

- **Die Menschen können mit ihrem himmlischen Vater keine gute Beziehung haben**. Oftmals sehnen sich die Menschen nach einer guten Beziehung mit Gott, dem Vater, können sie aber nicht haben, weil sie schlechte Erfahrungen mit ihrem irdischen Vater gemacht haben. Es ist sehr wichtig, dass das geheilt wird und sie die Offenbarung darüber empfangen, wie der himmlische Vater in Wirklichkeit ist.

- **Fehlende Identität**. Gottes guter und ewiger Plan ist es, dass es der Vater ist, der seinen Kindern ihre Identität gibt. (Auch im Biologischen ist es das Chromosom vom Vater, das das Geschlecht des Babys bestimmt. Vom Vater kommt das spezifische Chromosom X oder Y, welches bei der Zeugung darüber entscheidet, ob das Baby ein Junge oder ein Mädchen wird). Kinder, denen ein guter Vater fehlt, kennen ihre Identität nicht und suchen ihre Bestätigung bei anderen Menschen, in der Arbeit, im Beruf, im Dienst, in _____, usw. Kinder brauchen die Bestätigung von ihrem Vater und dass er ihnen sagt, wer sie in Gott sind.

- **Unfähigkeit, selbst ein guter Vater zu sein**. Wenn jemand keinen guten Vater hatte, weiß er oft nicht, wie ein guter Vater ist. Oder er weiß es und kennt auch die Funktionen und Verantwortungsbereiche eines Vaters, aber ist selber nicht in der Lage, diese umzusetzen. Menschen brauchen ein Vorbild, das sie anschauen, dem sie folgen und von dem sie lernen können. Vater zu sein bedeutet nicht, nur Kinder zu zeugen. Das ist erst der Anfang. Der Vater, der ein Kind zeugt, muss das Ziel haben, dass sein Kind selbst ein guter Vater wird, jemand, der vorankommt und erwachsen wird.

- **Mangel an Ordnung und einer klaren Vision**. Ein apostolischer geistlicher Vater hat eine klare Vision von Gott empfangen. Er ist von Gott übernatürlich dazu befähigt, andere mit Weisheit und Strategie in ihre gottgegebene Bestimmung zu führen. Dort, wo ein Vater fehlt, wird das Leben mehr zu einem Überlebenskampf. Es fehlt das erfüllte, übersprudelnde Vorwärtskommen.

2. Die göttliche Lösung bei fehlender Vaterschaft

Die gute Nachricht ist, dass es Heilung und Wiederherstellung für diejenigen gibt, die keinen Vater hatten und nun unter den negativen Folgen leiden. Die göttliche Lösung ist:

- **Wiederherstellung der Beziehung zwischen Mensch und Gott**. Jesus kam auf die Erde, um uns das Herz unseres himmlischen Vaters zu offenbaren (Johannes 14,1-11). Er kam, um die Beziehung zwischen dem Menschen als Sohn und Gott als Vater wiederherzustellen. Eine Offenbarung über Gott als unseren Vater stellt den Menschen wieder her, heilt ihn und führt ihn in ein erfülltes Leben als Kind Gottes hinein.

- **Menschen mit einem Vaterherzen**. Wir leben heute in einer Zeit, wo Menschen übernatürlich von Gott befähigt werden, die Rolle eines apostolischen und geistlichen Vaters einzunehmen, um somit viele Menschen in die höchste „Position der Sohnschaft" zu führen und sie freisetzen zu können.

Der Apostel Maldonado erzählt die folgende Geschichte: Ein Missionar besuchte ein Waisenhaus und sah die große Notwendigkeit eines Vaters. Bewegt von Mitgefühl sprach er folgendes Gebet: "Himmlischer Vater, ich bitte dich, dass du für sie ein Vater bist und dass du ihnen deine väterliche Liebe gibst." Sofort sprach Gott zu ihm und sagte: "Ich kann kein Vater für sie sein, weil ich Geist bin, aber es gibt eine Möglichkeit, wie ich ihnen meine Liebe geben und für sie ein Vater sein kann, und zwar durch dich. Umarme du sie und gib du ihnen meine Liebe, meine Zärtlichkeit und meine Bestätigung. Ich werde das durch dich tun." (Maldonado, 2015, S.87)

So gibt es viele auf der Welt, die nach einem Vater „schreien" der sie umarmt, sie liebt, sie tröstet, sie bestätigt und leitet. Sie brauchen einen Vater, jemanden, der wirklich ein Vaterherz hat, jemanden, der geheilt ist von eigenen Wunden, jemanden, der eine enge Beziehung mit dem Vater im Himmel hat. Drei wichtige Dinge, um ein guter geistlicher Vater zu sein, sind:

1. _____

2. _____

3. _____

D. Die Privilegien, einen Vater zu haben

Personen, die einen geistlichen Vater haben, können folgende Privilegien genießen:

- **Identität**. Er gibt seinen Kindern Identität. Er deklariert den Willen Gottes über ihrem Leben und bringt sie somit in ihre Berufung. Das setzt ihrem Konkurrenzdenken, ihren Komplexen und ihrem geringen Selbstwert ein Ende.
- **Bestätigung**. Jesus empfing eine Bestätigung von Seinem Vater, als Er sagte: „Dieser ist mein geliebter Sohn, an dem ich Wohlgefallen gefunden habe" (Matthäus 3,17). Er bestätigte Ihn in seiner Identität als Sohn. Ein Vater lobt seine Kinder und hebt ihre Stärken hervor. Er aktiviert ihr Potenzial.
- **Wertschätzung**. Er vermittelt ihnen, dass sie etwas Bedeutendes tun können und dass sie wertvoll sind. Er erkennt und deklariert ihre hohe und einzigartige Berufung.
- **Schutz und Abdeckung**. Solange der Papa da ist, fühlen sich die Kinder geborgen. Er gibt ihnen Schutz vor Gefahren. Und unter der Abdeckung des Vaters fließt die Salbung und alle Segnungen, die der Vater hat.
- **Versorgung und Erbe**. Vaterlose Kinder kämpfen um Versorgung und haben kein Erbe. Nur die Söhne / Töchter haben ein Erbe. Gesundheit, Befreiung, Wohlergehen, usw. ist das Erbe der Kinder Gottes.
- **Segen**. Segnen bedeutet: "zum Wohlstand ermächtigen" oder "zum Erfolg ermächtigen" trotz aller Unmöglichkeiten. Segnen ist auch "ein Dekret vom Himmel über jemanden aussprechen". Damit wird diese Person in ihrer Bestimmung freigesetzt und kann den Plan Gottes hier auf der Erde erfüllen. Beispiel: Jakob empfing den Segen seines Vaters und wir sehen, dass er sich über die Generationen hinweg stark vermehrt hat; sie blieben gesund, wurden reich und waren siegreich (1. Mose 27,28+29; 1. Mose 30,43).

E. Wie empfange ich die Segnungen von meinem geistlichen Vater?

Um diese Privilegien und Segnungen vom geistlichen Vater zu empfangen, und um in derselben Salbung zu fließen, sind folgende Prinzipien unerlässlich:

- **Ihn als geistlichen Vater anerkennen**. Man erkennt ihn an als die Person, die Gott erwählt hat, um uns in die gottgewollte Bestimmung und um uns in unser Erbe hinein zu führen.
- **Seinen Segen und das, was Gott in ihn hineingelegt hat, empfangen**. Wenn ein Verlangen nach Veränderung, nach Wachstum, Hunger und Durst nach Mehr von Gott da sind, sind das gute Voraussetzungen, um durch den geistlichen Vater von Gott zu empfangen.
- **Ihn ehren**. Ihn ehren gibt uns Zugang zu dem, was Gott durch ihn in uns freisetzen möchte.
- **Ihm dienen**. Man kann nur den Mantel desjenigen tragen, dem man dient (1. Könige 19,16,19-21; 2. Mose 24,13).

F. Das Erbe eines Sohnes

1. Bedeutung

Erbe ist das, was der Vater an seine Söhne und Töchter überträgt. Wenn wir von Erbe reden, meinen wir nicht nur das, was Kinder nach dem Tod ihrer Eltern bekommen; sondern wir meinen damit all das, was die Kinder auch schon zu Lebzeiten der Eltern von ihnen empfangen und genießen dürfen.

Jede offenbarte Erkenntnis, und die damit freigesetzte Segnung, gibt der Vater schon jetzt an seine Kinder weiter, damit diese schon jetzt in diesem Erbe leben können.

Das Erbe ist der geistliche und materielle Reichtum, der den Söhnen vorbehalten ist, damit sie nicht von unten anfangen müssen, sondern damit sie auf ihrem Erbe aufbauen und es vermehren können.

2. Wie wird das Erbe freigesetzt?

Es gibt einige wichtige Voraussetzungen, damit das volle Erbe zu Gunsten des Sohnes freigesetzt wird. Das Erbe wird freigesetzt durch:

- Den Vater ehren (1. Mose 27,2-4; 1. Chronik 16,2)
- Dem Vater dienen und loyal sein (Wir lesen in 2. Mose 33,11 und 5. Mose 1,38, dass Josua Mose diente und in 1. Könige 19,19; 2. Könige 2,1 und 2. Könige 2,12 wie Elisa Elia diente)
- Dem Vater gehorchen und seinen Willen tun (Jesus als Sohn gehorchte Seinem Vater, siehe Johannes 4,34; Johannes 5,30; Johannes 6,38)
- Das Erbe wertschätzen und haben wollen (Wir sehen das Beispiel von Jakob in 1. Mose 25,31 und das Negativbeispiel von Esau in Hebräer 12,16-17 und 1. Mose 25,34; Elisa wollte das Erbe in 2. Könige 2,9+15)
- Hunger und Durst haben nach Mehr von Gott (2. Mose 33,11).

3. Ratschläge für Väter, die ein Erbe übertragen wollen

Ein Familienvater sollte auch ein geistlicher Vater sein und das Ziel haben, möglichst viel gutes Erbe an die Kinder zu übertragen. Damit das geschieht, sind folgende Punkte wichtig:

- **In enger Beziehung mit dem himmlischen Vater leben**. Ohne eine lebendige frische Beziehung zum himmlischen Vater ist es unmöglich, ein guter geistlicher Vater zu sein. Der Vater ist ein Kanal für die himmlischen väterlichen Eigenschaften.
- **Ein authentisches Vorbild sein**. Es ist wichtig ein Leben in Integrität, Disziplin und Liebe zu führen. Man vermittelt, was man ist und nicht, was man weiß.
- **Bedingungslose Liebe und Geduld**. Ein Vater liebt die Kinder, auch wenn sie Fehler machen oder auch mal ungehorsam sind.
- **Die Kinder segnen**. Wenn der Vater das Kind segnet, vermittelt er Identität und setzt seine gottgegebene Bestimmung frei. Das ist wie ein Schlüssel, den der Vater für die Zukunft seines Kindes in der Hand hat. Wenn er ihn nutzt, dann befähigt er das Kind erfolgreich zu sein.
- **Genügend regelmäßige Qualitätszeit mit den Kindern verbringen**. Manche Eltern sind so beschäftigt mit den Verpflichtungen in ihrem Dienst oder bei ihrer Arbeit, dass sie die Beziehung mit ihren Kindern vernachlässigen.
- **Die Kinder lehren und korrigieren**. Ein Vater möchte, dass es seinen Kindern gut geht und dass sie in allem Gelingen haben, und dafür sind Lehre und liebevolle Korrektur notwendig.
- **Mit Freude geben**. Geben ist für den Vater nicht schwer. Er liebt es, den Kindern zu geben und ihnen Freude zu machen.
- **Den Personen Vorrang geben, die wirklich geistlich wachsen und in ihrem Charakter geformt werden wollen.** Den Charakter kann man nicht übertragen, der Charakter wird geformt durch Gehorsam, Unterordnung, Erfahrung, das Lernen aus Fehlern, Disziplin und richtiges Verhalten in schwierigen Situationen.

G. Einige biblische Beispiele von geistlicher Vaterschaft

1. Mose und Josua

Nach dem Tod von Mose wurde Josua von Gott zum Nachfolger als Leiter des Volkes befördert. In 2. Mose 24,13 steht: *„Da machte Mose sich mit seinem Diener Josua auf, und Mose stieg auf den Berg Gottes."* In 2.Mose 33,7-11 finden wir Mose dabei, wie er sein Zelt außerhalb des Lagers aufschlug und es als einen Ort benutzte, um Gott zu begegnen. Am Ende von Vers 11 steht: *„Sein Diener Josua aber, der Sohn des Nun, ein junger Mann, wich nicht aus dem Innern des Zeltes."* Josua fing an als Diener von Mose, er lernte von Mose und blieb in der Gegenwart Gottes und wurde so vorbereitet auf die zukünftige Leiterschaft. Mose war ein authentisches Vorbild für Josua und vermittelte ihm das, was er selber lebte. Am Ende von Moses Leben, in 5. Mose 34,9, legte Mose diesem Josua die Hände auf und salbte ihn zum nächsten Leiter über Israel.

Beschreiben Sie Mose als "geistlichen Vater": _____

_____

Beschreiben Sie Josua als "geistlichen Sohn" und lesen Sie nach, was notwendig war, um ihn zum Nachfolger von Mose zu machen: _____

_____

2. Elia und Elisa

Elisa wurde der Nachfolger des Propheten Elia. In 1. Könige 19,16 beauftragte Gott Elia damit, Elisa zum Propheten zu salben. Bevor Elia in den Himmel auffuhr, blieb Elisa bei Elia und diente ihm (1. Könige 19,16,19-21). Elisa empfing die "doppelte Portion" des Geistes von Elia, um nach Elia Prophet zu sein (2. Könige 2,9,13-15).

Beschreiben Sie Elia als "geistlichen Vater": _____

_____

Beschreiben Sie Elisa als "geistlichen Sohn" und lesen Sie nach, was notwendig war, um ihn zum Nachfolger von Elia zu machen: _____

_____

3. Paulus und Timotheus

Der Apostel Paulus sieht sich als geistlichen Vater. Einer seiner Söhne war Timotheus. Lesen Sie die folgenden Bibelstellen und beschreiben Sie die Eigenschaften eines jeden: 1. Timotheus 1,1-3; 1. Timotheus 4,6; 2.Timotheus 1,1-8; 2. Timotheus 2,1; 2. Timotheus 4,1-4; 1. Thessalonicher 2,7,11-12; 3. Johannes 4; Galater 4,19; Philipper 2,22.

Beschreiben Sie Paulus als geistlichen Vater: _____

_____

_____

Beschreiben Sie Timotheus als geistlichen Sohn: _____

_____

_____

LITERATURVERZEICHNIS

"Biblia Plenitud" (Reina-Valera 1960) Editorial Caribe

HOFFMANN, M. (2013) *"Gottes Vaterherz entdecken"* Heiterbach-Beihingen, Deutschland: cap-books

HILL, C. (2013) *"El poder de la bendición paternal"* Lake Mary, USA: Casa Creación

MALDONADO, G. (2012) "Übernatürlich in Gottes Kraft Leben" Solingen, Deutschland: Verlag Gottfried Bernard

MALDONADO, G. (2015) "Das Königreich der Kraft" Solingen, Deutschland: Verlag Gottfried Bernard

MALDONADO, G. (2015) "¡*Necesito un padre!*" Miami, USA: El Rey Jesús Publicaciones

ORTUÑO C., E. (2015) *"El poder de la identidad como hijo"*. Cochabamba, Bolivien: Editorial International Life Center

STONE, P (2012) *"Se descifra el código judío"* Segunda Edición. Lake Mary, USA: Casa Creación

STRONG, J., LL. D., S.T.D. (2003) *"Nueva Concordancia Strong exhaustiva"* Nashville, USA: Grupo Nelson *"Santa Biblia"* (Reina-Valera 1960) Sociedades Bíblicas Unidas

URQUHART, C. (1993) *"Mein liebes Kind"* Solingen, Deutschland: Verlag Gottfried Bernard

URQUHART, C. (1993) *"Mein lieber Sohn"* Solingen, Deutschland: Verlag Gottfried Bernard

VINCENT, A. (2010) *"El cielo en la tierra"* Bogotá, Kolumbien: Editorial Desafío

Notizen

....

....

....

....

....

....

....

....

....

....

....

....

....

....

....

....

....

....

....

....

....

....

....

....

....

....

....

....

....

....

....

....

....

Notizen

....

....

....

....

....

....

....

....

....

....

....

....

....

....

....

....

....

....

....

....

....

....

....

....

....

....

....

....

....

....

....

....

....

FSC
www.fsc.org

MIX

Papier | Fördert
gute Waldnutzung

FSC® C083411

Zeitfracht Medien GmbH
Ferdinand-Jühlke-Straße 7
99095 Erfurt, Deutschland
produktsicherheit@kolibri360.de